KB066511

영화로
진로를
디자인하라

임재성 글

주니어김영사

한 편의 영화 속에서 찾는 내 인생의 길

'진로를 디자인한다는 것'은 말처럼 쉽지 않다. 마치 새하얀 종이에 글을 쓰는 것처럼 어디서 어떻게 무엇을 시작해야 할지 막막하다. 꿈을 찾고 그 길을 걷는 순간에도 '진짜 이 길이 내 길일까?' 하는 의심이 들고, 때로는 잘못된 길을 선택했다는 생각에 후회도 한다. 이렇게 자신이 내린 결정이 옳은지 그른지조차 판단하기 힘들 때 우리는 다른 사람들의 이야기를 듣는다. 나보다 먼저 길을 걸었던 선배나 멘토들의 인생에서 힌트를 찾기도 한다. 나와 비슷한 상황에서 내린 결정이 어떤 결과를 낳았는지 살피고 그것을 모델 삼아 내 인생의 길을 개척하기도 한다.

한 사람의 인생을 온전히 살필 수 있다는 점에서 영화는 좋은 본보기가 될 수 있다. 한 편의 영화 속에서 우리는 감독이 재창조한 허구의 인물이든 실화를 바탕으로 만든 인물이든 다양한 사람의 인생을 접할 수 있다. 두 시간 정도의 짧은 시간이지만 그 순간만큼은 흡입력 있게 인물들을 관찰하기 때문에 마치 내가 그 사람의 인생을 미리 살아 본 것 같은 착각이 들 때도 있다. 그런 의미에서 영화는 나의 진로를 그려 볼 때 참고하기 좋은 멘토가 된다.

아쉬운 점은 우리가 영화를 그냥 보는 것에서 그칠 때가 많다는 것이다. 그리고 막상 진로를 디자인할 때 도움이 될 만한 영화가 무엇인지 잘 모른다는 것이다. 그래서 많은 영화를 살피며 청소년들에게 꼭 필요한 영화를 엄선했다. 이 책에 담긴 영화는 한 번쯤은 보았을 만한 영화가 대부분이다. 물론 제목조차 생소한 영화도 있을 것이다. 그래도 모두가 한 번쯤 보면 좋은 명작들이고 다양한 깨달음을 얻을 수 있는 영화들이다.

그리고 '보는 것'에 익숙한 청소년들을 위해 영화를 보는 것에서 '읽는 것'으로 쉽게 접근할 수 있도록 각 영화마다 줄거리와 함께 살펴볼 중심 내용을 뽑아 소개했다. 그리고 '한 걸음 더 나아가기'에서 자신의 꿈을 찾고 이루어 가는 방법을 구체적으로 담았다. 영화를 보는 것에 그치지 않고 자신의 삶에서 적용시켜 나갈 수 있는 방법까지 제시한 것이다.

부족한 원고가 책으로 나오기까지 꽤 많은 시간이 흘렀다. 그동안 포기하지 않고 끝까지 해낼 수 있었던 것은 사랑하는 아내의 역할이 컸다. 언제나 응원해 주고 기다려 준 아내에게 감사의 마음을 전한다. 초기 원고부터 함께하며 길을 제시해 준 주니어김영사에도 감사하다. 무엇보다 내 삶을 주관하고 이끌어 준 나의 주 하나님께 모든 감사를 돌린다.

임재성

차 례

3장

꿈은 기초를 탄탄히 할 때 완성된다

4장

바람직한 직업 정신으로 무장하라

REC

1장

내 인생의 주인공이 진짜 나일까?

끌려가는 삶 vs 개척하는 삶

세 얼간이 3 Idiots

코미디, 드라마 | 2009년 | 12세 관람가 | 141분 | 라즈쿠마르 히라니 감독 | 아미르 칸 출연

인도의 명문대를 다니는 세 명의 '얼간이들'이 진정한 꿈을 찾기 위해 벌이는 좌충우돌 이야기

남들의 요구대로 사는 얼간이들

파라한은 공대에 입학했다. 아버지가 공학도가 되어야 성공할 수 있다고 강요했기 때문이다. 라주는 가난한 집안의 유일한 희망이었다. 공대에 입학해서 열심히 공부했지만 성적에 대한 스트레스는 날로 커졌다. 비루 교수는 오직 일등만이 경쟁 사회에서 살아남을 수 있다고 생각했다. 그래서 과제를 제대로 제출하지 않거나 열심히 공부하지 않는 학생은 졸업조차 시켜 주지 않았다. 아들에게는 공학도의 길을, 딸에게는 의학도의 길을 강요했다. 결국 아들은 삶의 회의를 느끼고 스스로 생을 마감하고 만다. 이들을 일컬어 영화는 '얼간이들'이라고 칭한다. 됨됨이가 변변하지 못하고 덜된 사람이라는 것이다.

반면 란초의 삶은 달랐다. 자신이 원하는 인생을 살기 위해 끊임없이 도전했다. 그 길이 평탄하지 않았지만 장애물에 좌충우돌하며 꿋꿋하게 헤쳐 나갔다.

영화는 '얼간이들'과 란초의 이야기를 통해 중요한 메시지를 던진다. 이 둘 중 과연 어떤 길이 진정 행복한 삶일까 하고 말이다.

두려울 때마다 '알 이즈 웰'을 외쳐 봐

2014년 한 취업 포털 사이트에서 대학생 484명을 대상으로 전공 만족도를 설문 조사한 적이 있다. 그런데 72.7퍼센트가 '전공 선택을 후회한 적이 있다'고 대답했다. 기회가 되면 전공을 바꾸고 싶다고 대답한 사람도 59.3퍼센트나 되었다. 막상 대학에 가서 공부해 보니 적성에 맞지 않았던 것이다. 도대체 왜 이렇게 많은 대학생이 전공에 대한 흥미를 잃어버린 것일까.

알고 보면 다른 사람의 생각대로 끌려다니며 살고 있는 사람이 의외로 많다. 특히 부모님이나 선생님같이 어른들이 좋다는 학교나 직업을 따

수업 시간에 멘붕에 빠진 '세얼간이'
성적과 취업만을 강요하는 치열한 경쟁 속에서 파라한과 친구들은 자주 혼란에 빠졌다.

르는 경우가 많다. 라주나 파라한 역시 크게 다르지 않았다. 인도 최고의 공대를 다니고 있지만 그들은 결코 행복하지 않았다.

반면 란초는 어렸을 때부터 공학을 공부하고 싶었기 때문에 공대에 입학했다. 늘 호기심으로 눈빛을 반짝이는 란초는 스스로 공부하고 연구해서 궁금한 것을 해결하다 보니 뛰어난 과학 지식도 쌓을 수 있었다. 뿐만 아니라 뭐든지 시도하고 도전하는 습관은 위기에 부딪혔을 때 스스로 난관을 극복하는 힘을 길러 주었다.

란초는 파라한과 라주가 자신이 원하는 인생을 찾도록 도와주었다. 파라한은 사진작가가 되고 싶었다. 늘 좋아하는 사진을 가방에 넣어 가지고 다닐 정도였고, 사진 찍는 실력도 탁월했다. 하지만 파라한의 아버지는 파라한이 사진작가가 되는 것을 허락하지 않았다. 지금까지 한 번도 아버지의 뜻을 거역해 본 적이 없었던 파라한은 이번에도 아버지의 뜻에 따라 공학도의 길을 걷게 되었다. 하지만 여전히 자신의 마음을 울리는 사진작가의 길을 포기하지 못했다. 이를 알게 된 란초는 파라한의 사진을 파라한이 좋아하는 사진작가에게 보냈다. 그리고 파라한은 란초의 도움에 힘입어 처음으로 아버지를 설득했다. 자신이 정말 원하는 일을 하고 싶다고 말이다. 아들의 진심 어린 호소에 아버지는 마음을 바꾸었다. 한 번도 아들이 좋아하는 것에 대해 생각해 보지 않은 것을 사과하고 아들의 앞날을 축복해 주었다. 파라한이 자기 길을 찾으려는 용기가 빛을 발한 것이다.

라주는 늘 두려움에 휩싸인 채 살아갔다. 그러다 보니 성적이 원하는 대로 나오지 않을 때가 많았다. 늘 유급과 정학의 위기 속에서 위태위태한 삶을 살아갔다. 라주는 가난한 집안 형편을 일으킬 유일한 희망이었기에 만약 자신이 공학도의 길을 포기한다면 부모님이 이를 비관해 죽음을 택할 수도 있다고 생각했다. 가족의 생계를 책임져야 한다는 막중한 책임감이 늘 라주의 삶을 짓눌렀다. 그러다 보니 란초의 사랑 고백을 돕다가 학교에서 정학 처분을 받자 자살을 시도했고, 식물인간이 되고 말았다. 이때 란초는 정성어린 간호로 라주를 깨어나게 해 주고 라주가 두려워할 때마다 '알 이즈 웰All is well(모두 잘 될 거야)!'이라고 외쳐서 힘을 북돋아 주었다. 큰 문제가 생길 때마다 손을 가슴에 대고 '알 이즈 웰!'이라고 이야기하면 쉽게 겁을 먹는 우리 마음속에 문제를 해결할 용기가 생기기 때문이다. 그래서 이들은 어렵고 힘든 일이 생길 때마다 '알 이즈 웰!'을 외치며 어려움을 헤쳐 나갔다.

차투르는 겉으로 보기에는 성공적인 삶을 살았다. 42억짜리 고가의 저택에 모두가 타고 싶어 하는 최고급 스포츠카까지 갖고 있다. 그리고 번듯한 직장에 다니며 승승장구하며 살았다. 스스로도 성공적인 삶을 살았다고 자부했다. 하지만 그가 이렇게 부를 누릴 수 있었던 것은 모두 란초 같은 과학자의 도움 덕분이었다. 차투르가 그토록 계약서에 사인을 받고 싶어 했던 과학자가 바로 란초였다.

란초는 자신이 원하는 일을 하면서 400개의 특허를 지닌 세계적인 과학자가 되었다. 그리고 학생들이 자신처럼 호기심을 마음껏 발휘할 수 있도록 학교를 세우고 가르쳤다. 자신이 하고 싶은 일을 마음껏 해 돈도 벌고 인재까지 양성한 것이다. 반면 차투르는 란초가 계약해 주지 않으면 회사에서 자리가 위태로워질 상황에 처했다. 즐겁게 일하기보다 어쩔 수 없이 일을 해야 하는 상황이 된 것이다. 이런 삶은 돈을 많이 벌 수 있을지는 모르지만 행복을 바라기는 힘들 것이다.

〈세 얼간이〉는 이렇게 각 등장인물을 통해 자신의 삶을 개척하라는 메시지를 끊임없이 전하고 있다.

영화 속에서 진로 찾기

나의 의지가 나의 미래를 만든다

18세기 프랑스 철학자 마르키 드 콩도르세는 인간의 모습을 두 부류로 나누었다. '생각하며 삶을 주도하는 자'와 '그를 믿고 따르는 자'로 말이다. 생각하는 부류는 스스로 무엇을 할지 생각하며 의견을 내고 주장한다. 한마디로 자신이 원하는 것을 찾으며 나아가는 것이다. 반면 믿고 따르는 자는 생각하는 자들의 주장을 마치 자기 것으로 착각하고 그대로 믿어 버린다. 삶이란 무엇인지 생각하지 않고 다른 사람의 말대로 믿고 따라가는 것이다. 자신의 길이 아님에도 불구하고 그것이 내 길이라고 착각하며 나아간다. 마르키 드 콩도르세의 주장이 지금 시대에 꼭 맞아떨어지는 것은 아니지만 지금 현재 우리 삶을 되돌아보게 만드는 것은 사실이다.

자신이 원하는 삶을 살기 위해서는 어렵더라도 인생을 스스로 개척하겠다는 의지가 필요하다. 그래야만 앞으로 나아갈 길을 찾을 수 있다.

"나의 의지가 나의 미래를 형성한다. 나의 성패는 그 어떤 사람이 아닌나 자신의 사건이다. 나 자신이 바로 힘이므로 나는 내 앞의 어떤 장애든 없앨 수 있다. 그렇게 하지 않으면 나는 미로에 빠질 것이다. 성공하든 실패하든 그것은 나의 선택이자 나의 책임이다. 오직 나만이 내 운명의 열쇠를 손에 쥔다."

미국의 작가 일레인 맥스웰의 말로 언제, 어디서, 무엇을 어떻게 하며 살아가고 싶은지, 삶의 의미와 가치를 어디에 두고 살아갈 것인지 생각하게 만드는 말이다. 이렇게 생각하다 보면 여러분의 삶도 긍정적으로 바뀔 것이다. 자신도 몰랐던 길을 찾을 수 있고 험난한 길과 가지 않은 길도 개척하며 나아갈 수 있다. 그러니까 이제 더 이상 얼간이들처럼 남들이 하란 대로 살아가지 말자.

내 인생을 스스로 개척하며 살아가는 법

다른 사람에게 끌려가지 않고 내가 원하는 삶을 살려면 어떻게 해야 할까? 사실 이 문제는 'a=b이다'와 같은 수학 문제처럼 정확한 답을 내놓기가 어렵다. 우리 인생이 정답을 찾아가는 길이 아니니까 말이다. 그러나 인생에는 정답은 없지만 내가 원하는 인생은 있기 마련이다. 우리는 그 방법을 찾아 끊임없이 문을 두드려야 한다. 행복한 삶은 그 문을 두드리는 사람에게만 열린다. 그렇다면 란초처럼 내가 원하는 인생을 살아가기 위해서는 어떻게 해야 할까? 다음에 몇 가지 방법을 여러분에게 소개한다.

첫째, 자기 삶에 대한 시나리오 플래닝Scenario Planning이 있어야 한다. 천만 관객을 동원한 영화의 특징은 탄탄한 시나리오에 있다. 아무리 어마어마한 투자금이나 뛰어난 배우가 있어도 탄탄한 시나리오가 없으면 영화는 흥행하기 힘들다. 우리의 인생도 마찬가지다. 자기 인생에 대한 시나리오가 없다면 내 인생은 다른 사람의 시나리오에 등장하는 조연이나 엑스트라밖에 될 수 없다. 시나리오 플래닝은 내 인생의 시나리오를 쓰고 그것이 어떻게 펼쳐질지 예상하고 또 갑작스럽게 일어난 변수들을 대비하기 위한 전략이다.

앞서가는 기업들은 이런 시나리오 플래닝을 활용해 미래를 대비한다. 시나리오가 없으면 일이 터졌을 때 임기응변으로 대처할 수밖에 없고 그렇게 되면 기업의 미래는 장담할 수 없다. 우리의 삶도 기업처럼 어떤 일이 벌어질지 모르는 안갯속을 걸어가는 것과 같다. 그럴 때마다 시나리오 플래닝이 있으면 장애물을 쉽게 극복하고 돌발 상황에도 잘 대응할 수 있다.

시나리오 플래닝은 자기 삶이 어떻게 펼쳐질지 구체적인 계획을 세우고 그것을 이루어 가는 과정을 이야기로 만들어 보는 것이다. 이미 꿈이 이루어진 것처럼 생생하게 떠올리고 생각해 보자. 자신이 걸어갈 길을 먼저 걸었던 사람들의 삶도 참고하면 좋다.

둘째, 실패에 대한 두려움에서 해방되어야 한다. 실패가 두렵다는 생각에 사로잡히면 시도조차 할 수 없다. 자기 삶을 개척하며 나아가는 길은 원하는 것을 이루기 위해 도전하며 나아가는 길이다. 란초가 학교에서 벌인 다양한 일을 보면 알 수 있다. 거절당할 것이 두려워 사랑 고백을 하지 않고, 실패할 것이 두려워 총장의 큰 딸 모나의 출산도 돕지 않았다면 사랑도, 생명도, 졸업장도 얻을 수 없었을 것이다. 모든 성과는 실패를 두려워하지 않는 과감한 도전에서 비롯된다. 실패는 성장을 위한 하나의 과정에 불과하므로 절대 실패를 두려워하거나 겁내지 말아야 한다.

셋째, 주변의 시선에 휘둘리지 말아야 한다. 주변 시선을 의식하면 주도적으로 삶을 개척할 수 없다. 사실 사람들은 내 인생에 별로 관심이 없다. 이것은 이미 과학적인 실험으로도 증명되었다. 한정된 공간에서 똑같은 옷을 입고 있는 사람들이 있는 곳에, 다른 무늬의 옷을 입은 사람이 들어가 함께 활동했다. 하지만 그것을 발견한 사람은 극히 소수였다. 무늬가 다른 옷을 입은 사람은 다른 사람들이 자신만 바라볼 것이라 생각했지만 오산이었다. 이처럼 사람들은 자신과 달리 남에게 관심이 없다. 그러니 마음속에 품고 있는 꿈을 향해 과감히 시도하고 도전해야 한다. 그럴 때 내 삶의 길이 열릴 것이다.

나만의 진로 디자인

1. 시나리오 플래닝을 만들자.
2. 실패를 두려워하지 말자.
3. 주변의 시선에 휘둘리지 말자.

내 삶의 주인공은 바로 나

죽은 시인의 사회 Dead Poets Society

드라마 | 1990년 | 전체 관람가 | 128분 | 피터 위어 감독 | 로빈 윌리엄스 출연

엄격한 규율을 가진 명문 고등학교에 그 틀을 깨는 선생님이 등장하면서 겪는 갈등을 다룬 이야기

틀에 박힌 생각으로만 사는 아이들

'카르페 디엠Carpe diem'은 고대 로마의 시인 호라티우스의 라틴어 시에서 유래된 말이다. 'Carpe diem, quam minimum credula postero'의 한 부분으로, '현재를 즐겨라, 가급적 내일이란 말은 조금만 믿어라.'라는 뜻을 가지고 있다. 〈죽은 시인의 사회〉의 주인공이자 명문 웰튼 고등학교에 새로 부임한 영어 교사 키팅은 이 시를 인용해 아이들에게 '현재를 즐기라'고 말했다. 여기서 현재를 즐기라는 것은 단순히 놀기만 하라는 뜻이 아니다. 지금 자기가 하고 싶은 일을 찾아 열정을 쏟아부으라는 말이었다. 오직 '전통, 명예, 규율, 최고'라는 규율에 맞춰 살아가던 아이들은 키팅의 말을 이해하지 못했다. 아니 이해하려는 노력조차 하지 않았다. 하지만 키팅은 포기하지 않았다. 독특한 수업 방식을 통해 아이들에게 현재를 즐기며 사는 방법을 일깨워 주려고 했다. 그중 하나가 아이들을 책상 위로 올라가게 만든 사건이다. 키팅은 사물을 다른 각도에서 바라볼 수 있도록 돕기 위해 아이들에게 책상 위로 올라가라고 한 것이다.

"어떤 사실을 안다고 생각할 땐 그것을 다른 시각에서 봐야 해. 그것이 바보 같고 틀린 일처럼 보여도 시도를 해 봐야 해."

틀에 박힌 생각으로만 살지 말고 자신의 인생을 다른 각도에도 들여다보라는 것이다. 책을 읽을 때도 글쓴이의 생각뿐만 아니라 자신의 생각이 무엇인지 아이들에게 자신의 목소리를 찾아야 한다고 강조했다. 키팅은 무엇이든 과감하게 부딪쳐 새로운 세계를 찾아야 한다는 말을 했다.

왜 네 인생을 다른 사람에게 맡기지?

키팅의 수업은 그의 행동만큼이나 독특하다. 문학 책의 서문을 찢어 버리라고 한 것만 봐도 알 수 있다. 문학을 공부하려면 서문에서 제시한 방법대로 시를 이해해야 했다. 하지만 키팅은 시는 이론적으로 측정하며 감상하는 것이 아니라며 모두 서문을 찢게 했다. 괴짜 같은 그의 행동은 문학이 자신의 야망을 이루는 도구가 아니라, 우리가 문학을 통해 자신만의 생각을 발전시켜 가야 한다는 것을 가르쳐 준다.

"단지 시가 아름다워서 읽고 쓰는 것이 아니야. 시는 인류의 일원이기 때문에 읽고 쓰는 것이지. 인류는 열정으로 가득 차 있어. 의학, 법률, 경제, 기술 따위는 삶을 유지하는 데 필요해. 하지만 시와 미, 낭만, 사랑은 삶의 목적인 거야."

시는 자유 의지를 의미한다고 했다. 자유 의지를 가지고 자신이 원하는 삶을 발견하라는 것! 키팅은 시를 통해 아이들에게 인생을 사색하는 힘을 길러 주고자 했다. 어떤 삶을 살 것인가. 키팅은 끊임없이 스스로에게 이 질문을 던져야만 현재를 즐기며 살 수 있다고 생각했다.

아이들은 키팅의 수업을 통해 저마다 자신이 좋아하는 영역을 발견해 나가고 도전하기 시작했다. 특히 닐은 배우가 되고 싶은 마음에 연극 오디션에 참가할 예정이었다. 난생처음으로 무엇을 하고 싶은지 알아냈다며 잔뜩 흥분했다. 녹스는 사랑을 쟁취하기 위해 도전하고, 토드는 부모님이 생일 선물로 준 만년필을 던져 버리며 이제 나만의 삶을 살겠다고 다짐했다. 토드의 부모님은 자신들이 주고 싶은 대로 매년 똑같이 토드에게 만년필을 보내 주었던 것이다.

하지만 키팅의 가르침이 긍정적인 결과만 준 건 아니다. 찰리는 여학생을 입학시켜야 한다는 기고문을 학교 신문에 게재해 학교를 발칵 뒤집어 놓았다. 그런데 엎친 데 덮친 격으로 충격적인 사건이 일어났다. 닐의 아버지가 닐이 연극배우가 되는 것을 계속 반대하면서 닐에게 하버드 대학교에 들어가 의사가 되라고 강요했다. 그러자 닐은 끝내 아버지를 설득하지 못하고 자살해 버리고 말았다.

물론 닐의 선택은 극단적이다. 하지만 닐과 아버지의 모습은 우리 사회에서 어쩌면 흔히 볼 수 있는 장면이다. 많은 부모님과 선생님이 획일적인 성공 기준에 따라 아이들에게 법조인이나 교사, 의료인이 되라고 강요하고 있다. 교장 선생님도 키팅에게 전통과 규율에 따라 대학 입시에만 전념하라고 압박했다. 키팅은 삶에 대해 사색하는 방법과 현재를 즐기는 삶을 가르치려고 한 것뿐인데 말이다.

닐의 죽음을 누구보다 가슴 아파했던 키팅은 어쩔 수 없이 교단을 떠나야만 했다. 키팅이 떠나는 날 아이들은 책상 위로 올라갔다. '카르페 디엠'의 삶을 살겠다는 의지를 보인 것이다. 가장 먼저 책상 위에 올라간 아이는 반에서 가장 겁이 많은 토드였다. 그런 토드가 책상 위에서 자신 있게 "오, 캡틴, 마이 캡틴Oh, Captain, my Captain."하고 월트 휘트먼의 시 한 구절을 읊었다. 키팅에게 존경과 감사의 마음을 보인 것이다. 또한 다시는 두려움에 떨며 자기 인생을 누군가에게 맡기지 않겠다는 의지이기도 했다. 그러자 다른 아이들도 용기를 내어 함께 책상 위로 올라가 외쳤다. 그들의 눈빛에는 결연함까지 담겨 있었다. 그 모습을 본 키팅은 흐뭇한 미소로 답했다.

행동하는 사람만이 진정한 나를 발견할 수 있다

미국의 전 대통령 토머스 제퍼슨은 이렇게 말했다.

"자신이 누구인지 알고 싶은가? 그렇다면 묻지 마라. 행동하라. 행동만이 당신이 누구인지 설명해 주고 정의해 줄 것이다."

자신이 좋아하고, 하고 싶은 일이 무엇인지 알고 싶다면 찾기 위해 끊임없이 시도하라는 의미이다. 마찬가지로 현재를 즐기는 삶을 살려면 내

키팅의 이야기에 귀 기울이는 아이들
어떤 삶을 살 것인가. 틀에 박힌 채 살아가던 아이들은 키팅의 말에 조금씩 세상을 다른 각도로 보기 시작한다.

가 좋아하고, 하고 싶은 것이 무엇인지 찾아야 한다. 그리고 용기를 가지고 도전하고 부딪쳐야 한다. 〈죽은 시인의 사회〉에서 아이들이 도전하고 시도했던 것처럼 말이다.

축구 선수 이영표는 2002년 한일 월드컵의 4강 신화의 주역이다. 그리고 2014년 브라질 월드컵에서 족집게 해설로 국민의 사랑을 받았다. 사실 이영표 선수는 다른 축구 선수보다 체구가 작은 편이다. 그런데도 그는 수비수로서 세계적인 선수가 되었다. 헛다리짚기 드리블은 이영표 선수의 전매특허였다. 현란한 발동작으로 상대를 자신이 원하는 방향으로 유인하고 다른 방향으로 공을 몰아갈 때, 그 기분은 말로 표현할 수 없을 정도로 짜릿하다고 했다. 이영표 선수가 이렇게 세계적인 선수로 거듭난 것은 축구 자체를 즐겼기 때문이다. 초등학생 때부터 드리블 연습을 했는데 얼마나 많이 했는지 양말에 피가 배어 나올 정도였다고 한다. 그래도 이영표 선수는 멈추지 않았다. 정말 즐거워서 잠시도 쉴 수 없었던 것이다. 이영표 선수는 축구를 하는 이유에 대해 "즐기는 것과 발전하는 것!"이라고 말했다. 이런 마음이 바로 뛰어난 축구 선수로 인생을 살게 한 원동력이었을 것이다.

여러분은 무엇을 할 때 가장 즐거운가. 그것을 찾고 도전하며 사는 것이 카르페 디엠의 삶을 사는 방법이다.

진짜 나를 찾아가는 방법

자신이 어떤 사람인지 알려면 자기 삶에 대한 호기심을 가지는 것이 필요하다. 호기심은 당연한 것을 당연하게 여기지 않는 마음이다. 세상을 다른 각도에서, 다른 방법으로 접근하게 만든다. 그러다 보면 관심이 생기고 의문을 가진다. 의문은 질문을 낳는다. 질문은 보이지 않는 세계를 보게 한다. 자신이 누구인지, 내가 나아갈 인생의 길은 어디인지 알게 한다. 희미한 인생의 길을 비춰 줄 빛을 발견하는 것과 같다. 중요한 것은 질문을 던지는 사람만이 그 답을 찾는다는 것이다.

세상의 위대한 발견들은 모두 질문에서 시작되었다. 아인슈타인은 "만일 우리가 로켓에 빛을 실으면 그 빛의 속도는 빨라질까?"라는 질문에서 상대성 이론을 발견했다. 모차르트는 수많은 곡을 작곡하고 뛰어난 음악을 만들었지만 끊임없이 "이게 과연 나의 최선인가?"라는 질문을 던졌다. 질문이 모차르트에게 피나는 노력을 가능하게 해 주었고 완성도 있는 곡을 만들게 한 것이다.

질문은 능동적인 삶과 피동적인 삶을 결정짓는다. 나는 질문을 던지는 데 익숙한 사람일까? 아니면 대답하는 데 익숙한 사람일까? 질문을 던지는 데 익숙한 사람은 스스로 문제를 발견하고 해결하는 사람이다. 반면 대답하는 데 익숙한 사람은 자기 스스로 인생을 개척해 나가지도, 자신이 어떤 사람인지도 잘 모른다.

우리가 살아가면서 맞닥뜨린 문제를 풀고 해결하는 것은 사실 능력이 있고 없고의 차이가 아니다. 그 문제를 바라보는 자신의 내면과 관계 있다. 자신이 어떤 사람이라고 생각하느냐에 따라 선택은 다르게 나타난다. 자신이 누구인지 확실하게 알면 의외로 선택하기 쉽다. 시작은 자기 삶에 대한 의문, 곧 질문으로부터 비롯된다.

지금부터 자신이 어떤 사람인지, 무엇을 좋아하는지, 어떤 인생을 살아가야 하는지 끊임없이 질문을 던지자. 명확한 답을 찾을 때까지 질문하고 스스로 답을 찾으려는 노력이 필요하다. 그래야 자신이 어떤 사람인지 단서라도 찾을 수 있을 것이다.

다음 질문을 스스로에게 던지고 그 답을 찾아보자.

- 나는 누구인가?
- 인생의 궁극적인 목표는 무엇인가?
- 남들보다 내가 잘하고 좋아하는 것은 무엇인가?
- 내가 살아가고 싶은 삶은 무엇인가?
- 지금 나는 어떤 위치에 서 있는가?

나만의 진로 디자인

1. 늘 삶에 대한 호기심을 가지자!
2. 끊임없이 질문하자!

속도보다 중요한 것은 방향

캐스트 어웨이 Cast Away

드라마 | 2001년 | 12세 이상 관람가 | 143분 | 로버트 저메키스 감독 | 톰 행크스 출연

늘 시간에 얽매여 바쁘게 지내던 남자가 비행기 사고로 홀로 무인도에 떨어지고, 이를 탈출하기 위해 고군분투하는 이야기

무인도에 갇힌 척은 어떻게 되었을까

척 놀랜드는 국제 물류 배송 회사의 직원이다. 척은 시간을 생명처럼 여기며 물건을 정확히 배송하기 위해 1분 1초를 다투었다. 시간이 자신의 존재의 이유라고 말하면서 시간을 낭비하는 일은 절대 할 수 없다는 것이 삶의 철칙이었다.

척은 인생에서도 한 치의 오차도 허용하지 않았다. 그런 탓에 사랑하는 연인 캘리와 크리스마스조차 여유롭게 보내지 못했다. 달리는 차 안에서 크리스마스 선물을 주고받을 정도였다. 캘리는 자신의 사진을 끼운 회중시계를, 척은 청혼의 의미를 담은 반지를 주었다. 그런데 선물의 의미를 되새길 시간도 없이 척은 바로 비행기에 올랐다. 그리고 예기치 않은 난기류를 만나 무인도에 추락하게 되었다. 함께 비행기를 타고 간 직원들과 승무원들은 모두 목숨을 잃었지만 척은 구사일생으로 살아남았다. 이제 무인도에서 살아갈 희망은 오직 사랑하는 캘리의 사진을 보고 곧 그녀를 만날 수 있다는 소망을 갖고 살아가는 것뿐이었다. 늘 한 치의 오차도 없이 계획대로 살다가 갑자기 한 치 앞도 예측할 수 없는 상황에 놓인 것이다. 이제 척은 시간이 의미 없는 곳에서 살게 되었다. 켈리에게 받은 회중시계가 고장 나는 바람에 지금이 몇 시인지조차 알 수 없게 되었다. 과연 무인도에서 척의 인생은 어떻게 흘러갈까.

인생은 달리기가 아니야

우리는 속도 전쟁 속에 살아간다. 하루가 다르게 쏟아지는 첨단 제품은 속도에서 생명이 좌우된다. 우리의 인생도 다를 바 없다. 속도 경쟁에 밀리면 끝장날 것만 같다. 누가 더 빨리 성공하느냐 매일매일 경쟁하면서 살아간다. 자신이 어디로 가는지도 모른 채 달리기에만 열중하고 있다.

정해진 나이에 따라 학교를 가 공부하고, 좋은 대학을 가고, 대기업에 취직하고, 좋은 사람을 만나 결혼하고, 아이를 낳고, 돈을 모아 집을 사고……. 대부분의 사람이 마치 나이에 따라 목표가 정해진 것처럼 그것을 이루기 위해 노력하면서 살고 있다. 하지만 그 길을 따라 살다 보면 그렇게 사는 것이 얼마나 힘든지 알게 된다. 우리 인생은 뜻대로 쉽게 흘러가지 않는다. 생각치 못한 장애물에 걸려 가로막히고 넘어지는 일이 부지기수이다.

척의 무인도 생활은 고달팠다. 당장 먹고사는 데 필요한 기본적인 생계조차 이어나가기 힘들었다. 견디다 못한 척은 자살하려고 하지만 그것도 뜻대로 되지 않았다. 그러다 우연히 자신이 배송하려던 배송품을 발견하게 되었다. 상자에 그려진 황금 날개 모양의 회사 로고를 보자마자 살고 싶다는 생각이 간절해졌다. 자신이 해야 하는 일에 대한 명확한 목표를 발견한 것이다. 그리고 사랑하는 연인의 사진을 보며 반드시 살아서 무인도를 탈출하리라 다짐한다.

하루하루 속도 전쟁 속에서 살아가는 척
척은 자신이 어디로 가는지도 모른 채 달리기에만 열중하고 있었다.

물론 무인도를 탈출하는 것은 쉽지 않았다. 거대한 파도는 번번이 척의 의지를 꺾어 놓았다. 여러 번 실패한 끝에 척은 바람을 이용해야 한다는 것을 깨닫고 뗏목에 돛을 달았다. 바람이 불어오자 죽을힘을 다해 노를 저어 간신히 거대한 파도를 넘었다. 하지만 기쁨도 잠시, 뜨거운 태양과 목마름 그리고 거대한 폭풍으로 척은 점점 지쳐 갔다. 그때 척은 극적으로 구출되고 다시 본래의 삶으로 되돌아갈 수 있게 되었다.

이제 그토록 그리던 연인과 다시 재회할 시간이 왔다. 하지만 그녀는 척이 비행기 사고로 죽은 줄 알고 이미 다른 남자와 결혼을 하고 말았다. 척은 그녀에게 애지중지 여겼던 회중시계를 돌려주며 그녀의 행복을 빌어 주었다. 시계는 속도를, 나침반은 방향을 의미한다. 척이 회중시계를 돌려준 것은 앞으로 그는 내면에 새겨진 나침반을 따라가겠다는 뜻이리라.

척은 다시 교차로에 서 있었다. 영화의 시작 장면과 똑같은 곳에서 척은 생각에 잠겼다. 이 장면을 통해 영화는 인생이란 시간에 쫓기듯 살아가는 것이 아니라 삶의 방향을 올바르게 설정하고 나아가야 한다는 메시지를 전달한다. 나아갈 방향이 설정되지 않는 삶은 아무리 속도를 내고 달려도 의미가 없다. 척이 무인도에서 방황하며 살았던 것처럼 말이다.

척의 이야기는 우리가 넘어질 때마다 좌절하고 포기하는 것이 아니라 목표를 향해 나아가야 한다는 것을 보여 준다. 그리고 그 목표를 향해 갈 때, 속도는 아무런 의미가 없다. 결국 삶은 속도가 아니라 방향이기 때문이다.

잠시 멈춰서 나아갈 방향을 설정하라

속도에 흔들리지 않고 나아갈 방향을 설정하려면 우선 가던 길을 멈춰야 한다. 어디로 가야할지도 모른 채 무작정 달리기만 하면 자신도 모르게 외딴길로 접어들 수 있다. 척처럼 무인도 같은 곳에 고립될 수도 있다.

플로렌스 채드윅은 여성 최초로 영국 해협을 수영해서 왕복으로 건넌 사람으로 유명하다. 오직 수영복만 입은 채 그녀는 차가운 바다로 뛰어들었다. 16시간을 쉬지 않고 수영해서 캘리포니아 해안을 향해 나아갔다. 그런데 그날은 유난히 추웠고 안개도 자욱해 앞을 분간할 수 없었다. 그녀는 결국 기권하고 말았다. 하지만 구조선에 올라 목적지를 확인했을 때 그녀는 아쉬움을 감추지 못했다. 목적지가 겨우 800미터밖에 남지 않았기 때문이었다. 기자들이 실패의 이유를 물었다. 그녀는 안개 때문에 목적지를 확인할 수 없었던 것이 패인이라고 말했다.

두 달 뒤 다시 도전이 이어졌다. 그날도 어김없이 짙은 안개와 차가운 바닷물 속에서 힘겨운 사투를 벌였지만 그녀는 멋지게 성공했다. 두 번째 역시 어려운 상황이었지만 첫 번째와 달리 성공할 수 있었던 이유가 뭘까. 도달할 목적지를 마음속에 선명하게 그려 놓았기 때문이다. 안개가 나아갈 방향을 분간할 수 없게 했지만 마음속에 도달할 목적지와 방향을 또렷이 설정하고 나아갔기에 가능했다.

물론 지금 당장 어디로 가야할지 인생의 목적지를 정하는 것은 쉽지 않다. 그래서 끊임없이 자신에게 묻고 답을 찾아야 한다. 주변 사람들이 달린다고 무작정 따라서 달리는 게 아니라 자신이 가야 할 삶의 방향을 명확히 설정한 후 길을 나서야 한다. 자신이 가고 싶은 곳은 어딘지, 그곳에서 무엇을 하고 싶은지, 험한 파도가 밀려와도 헤치며 가야할 곳은 어디인지를 말이다.

삶의 방향을 설정하지 않고 길을 나서면 척이 교차로에서 어디로 갈지 몰라 방황하는 것처럼 될 수 있다. 또 플로렌스 채드윅의 첫 번째 도전처럼 중도에 포기할 수도 있다. 미국의 정치 학자 헨리 키신저는 “어디

무인도에 혼자 살아남은 척
시간이 의미 없는 무인도에서 살게 된 척은 예전과는 사뭇 다른 모습으로 살아간다.

로 가는지 방향을 모르면 어떠한 도로도 당신을 목적지까지 데려다줄 수 없다."라고 했다. 나아갈 방향을 모르면 아무리 속도가 빨라도 의미가 없다는 뜻이다. 자신이 나아갈 방향 설정, 이것이 인생의 걸음마를 떼는 데 있어서 가장 중요한 일이다.

지금 여러분은 어디를 향해 나아가고 있는가. 이제 물음에 답할 때이다.

삶의 방향을 찾는 여섯 가지 질문

삶의 방향을 찾기 위해서는 먼저 자신의 상태를 파악할 필요가 있다. 냉정하게 자신의 모습을 들여다봐야 한다. 내비게이션으로 길을 탐색할 때 가장 중요한 것은 자신의 현재 위치이다. 현재 위치가 어디인지 알아야 목적지로 가는 경로를 파악할 수 있다.

지금의 삶을 살펴볼 때 한 가지 염두해 둬야 할 것이 있다. 보이는 것에 좌절하지 않으려는 마음이다. 보이는 것에만 집착하다 보면 현실의 벽이 점점 더 크게 느껴지면서 꿈꾸는 것조차 힘들어진다. 현실이 조금 어렵고 힘들더라도 내일을 생각하며 살려는 마음 자세가 필요하다. 내일이 기대되면 현재의 삶에서 어려운 것들은 별로 문제가 되지 않는다. 그것은 단지 하나의 과정에 불과하다. 내일이면 밝은 태양이 떠오를 거라고 믿기 때문에 오늘을 인내할 수 있다.

《가슴 뛰는 삶의 이력서로 다시 써라》는 글로벌 기업을 다니던 두 명의 30대 젊은이가 회사를 그만두고 '가슴 뛰는 삶'을 사는 사람들을 만나 나눈 이야기를 담은 책이다. 책에는 두 젊은이가 인생의 롤 모델들과 나눈 인터뷰 중에서 23명의 인터뷰 내용을 소개한다. 그들의 공통점이 있다면 모두 세상에 긍정적인 영향을 끼치며 살았다는 것이다. 그리고 모두 자신의 삶에 질문을 던지며 나아갈 방향을 설정했다. 그렇다면 그들이 스스로에게 던진 질문은 무엇일까.

첫째, 나는 어떤 문제에 가장 관심이 많은가?

사회적으로 나타난 현상을 볼 때마다 내가 귀 기울이고 관심을 보였던 것을 찾는 단계이다.

둘째, 나는 어떤 특별한 능력을 가지고 있는가?

누구보다 쉽게 펼쳤던 재능이나 문제 해결 능력을 알아보는 단계이다.

셋째, 변화에 대한 가장 큰 동기는 무엇인가?

이 질문으로는 변화를 일으킬 만한 내적 동기를 찾는 것이다. 자신의 능력으로 문제를 해결할 효과적인 수단과 방법을 찾아보는 것이다.

넷째, 과거에 내게 중요했던 꿈은 무엇이었는가?

자신이 평소 가치가 있다고 생각하는 문제나 꿈에 대해 탐색하는 질문이다.

다섯째, 무엇을 했을 때 가장 큰 행복을 느끼는가?

어떤 일을 해야 보람을 느끼고 내가 후손들에게 부끄럽지 않는 삶을 살 수 있을 것인지 생각하는 단계이다. 이런 질문이 사회에 영향을 끼치는 인물로 성장하게 만든다.

여섯째, 나는 어떤 일을 할 때 가장 열정을 발휘하는가?

자신이 좋아하고 잘할 수 있는 것을 생각하는 질문이다. 좋아하는 일을 하면 자연스레 열정이 쏟아져 나오기 때문이다.

여러분도 스스로에게 이 여섯 가지 질문을 하며 명확한 답을 찾아보길 바란다. 이 질문에 대한 답이 더 이상 속도를 좇는 인생이 아닌 자신이 원하는 삶의 방향을 찾는 길이다.

나만의 진로 디자인

1. 보이는 것에 좌절하지 말고 내일을 생각하자.
2. 늘 내 삶에 질문을 던지자.

나를 괴롭히는 장애물과 화해하기

굿 윌 헌팅 Good Will Hunting

드라마 | 1997년 | 15세 이상 관람가 | 126분 | 피터 워어 감독 | 로빈 윌리암스 출연

어린 시절의 상처로 마음을 닫고 살던 천재 청년 '윌 헌팅'이 숀 교수를 만나 세상 밖으로 나오는 이야기

살면서 한 번도 상처받지 않은 사람이 있을까

윌은 어렸을 때 부모에게 버림받았다. 하지만 윌은 이보다 더 끔찍한 고통을 견디며 살아야 했다. 양부모가 술에 취할 때마다 윌에게 무자비한 폭력을 휘둘렀다. 그 일로 몸과 마음에 큰 상처를 입은 윌은 어른이 되어서도 그 기억을 떨치지 못했다. 마음을 꽁꽁 닫은 채 외톨이가 되어 살아가게 된 윌. 누군가 자신에게 다가오기라도 하면 보호막을 치고 접근하지 못하게 했다. 심지어 평소 짝사랑했던 스카일라의 달콤한 사랑 고백도 진심으로 받아들이지 못했다. 어린 시절 부모에게 버림받은 것처럼 스카일라에게도 언젠가 버림받을 것이라는 불안감 때문이었다.

물론 살면서 한 번도 상처받지 않은 사람이 있을까. 그 상처를 극복하고 사는 사람도 많지만 그 상처 때문에 몸과 마음에 병을 안고 힘들게 살아가는 사람도 많다. 특히 윌처럼 부모나 가족에게 받은 상처는 다른 어떤 것보다 가슴에 크게 남는다. 한창 몸과 마음이 자라야 할 어린 시절에 받은 상처는 우리에게 큰 트라우마를 남기고 삶을 방황하게 만든다. 스스로 마음을 가둬 버리고 다른 사람을 두려워하는 사람들. 그러나 곰곰이 생각해 보면 그들은 나와 멀리 있지 않다. 내 주변에 있는 친구일 수도 있고, 형제나 부모일 수도 있다. 어쩌면 이 글을 읽는 '나'일 수도 있다. 그러기에 윌의 모습은 우리에게 낯설지 않다.

네 잘못이 아니야

윌은 수학 천재였다. 수학계의 노벨상을 탄 램보 교수조차 부러워할 정도로 뛰어난 수학적 능력을 가졌다. 아무도 풀지 못했던 수학 문제를 척척 풀었고, 한 번 읽은 책은 아무리 어려운 내용이라도 완전히 이해해야 직성이 풀렸다. 하지만 윌은 다른 사람과의 관계에서는 완전하지 못했다. 자신의 아픈 과거에 사로잡혀 있기 때문이다. 양부모로부터 받은 폭력은 다른 사람이 언제라도 자신에게 아픔을 가져다줄지 모른다는 부정적인 생각을 만들었다. 결국 윌은 다른 사람뿐만 아니라 세상과 소통하는 법을 배우지 못했다.

램보 교수는 견고한 성 안으로 숨어 버린 윌을 세상 밖으로 꺼내기 위해 정신과 교수들에게 도움을 요청하지만 실패하고 만다. 오히려 윌을 더 깊고 어두운 곳으로 숨게 만들었다. 하지만 숀 맥과이어 교수는 다른 방법으로 윌에게 접근했다. 윌의 마음 깊숙한 곳을 들여다보려고 노력하며 그와 공감하려고 애썼다. 하지만 윌은 숀의 노력에도 불구하고 여전히 자신의 성 안에서 나오려고 하지 않았다. 오히려 숀의 아픈 과거를 들춰내며 공격했다. 그래도 숀은 꾹꾹 참고 윌이 마음을 열기만을 기다렸다. 왜냐하면 윌의 모습이 자신의 어린 시절과 너무나 닮았기 때문이다. 숀도 어렸을 때 알코올에 중독된 아버지에게 학대를 받고 자랐다. 그러기에 윌의 마음을 누구보다 잘 헤아릴 수 있었다.

서로 마음을 열고 속내를 털어놓는 윌과 숀
숀은 윌에게 어린 시절에 겪었던 일 모두가 '네 잘못이 아니야.'라고 말해 준다.

숀은 윌에게 어린 시절에 겪었던 일 모두가 '네 잘못이 아니야.'라고 말해 준다. 여러 번 진심을 담아 숀이 말하자 그제야 윌은 울음을 터뜨리고 비로소 아픈 과거로부터 벗어났다.

영화의 제목 〈굿 윌 헌팅Good Will Hunting〉은 윌의 새로운 인생을 의미한다. '윌Will'이라는 단어는 의지, 뜻, 소망을 뜻한다. '헌팅Hunting'은 '찾아 나서다'의 의미가 담겨 있다. 즉 자신이 하고 싶은 일을 찾아 나선다는 뜻이다. 그런데 이 모든 것이 자신의 어두운 과거와 화해한 후에야 할 수 있는 일이다. 자신과 화해하지 않고는 윌처럼 아무리 천재적인 능력을 가지고 있더라도 그 능력을 제대로 발휘하기 힘들다. 진심으로 원하는 인생을 살고 싶다면 반드시 나 자신을 먼저 이해하고 사랑하는 것부터 시작해야 한다.

나를 괴롭히는 장애물과 화해하자

나를 괴롭히는 장애물은 그대로 두어서는 안 된다. 또 언제까지 피하고만 살 수 없다. 언젠가는 그 장애물에 걸려 넘어질 것이고, 어쩌면 더 큰 상처를 입게 될지도 모른다. 윌이 사람을 만나는 것을 두려워했던 것처럼 열등감과 두려움에 사로잡혀 평생을 살아갈 수도 있다. 그러다 누군가 자신을 건드리기라도 하면 참지 못하고 터지고 말 것이다. 자신을 방어하기 위한 행동이지만 다른 사람들에게는 오해만 살 뿐이다. 자신의 속마음을 들키지 않기 위해 폭력을 행사하고 폭언을 내뱉어서 자신이 받은 것처럼 다른 사람에게 상처를 주는 것이 유일하게 자신을 보호할 수 있는 행동이라고 여기는 것이다.

이렇게 열등감에 사로잡히면 자신이 원하는 꿈을 이루기 힘들다. 열등감과 두려움은 무엇이든 도전해 보지도 않고 스스로 포기하게 만든다.

자신감을 잃어버리게 되어 새로운 환경으로 나아가지 못한다.

자신을 존중할 수도 없다. 자신을 존중할 수 있어야 다른 사람과 나를 비교하지 않고 꿈을 향해 나아갈 수 있다. 자신을 존중하려면 자신의 가치를 아는 것이 중요하다. 중국 전국 시대의 사상가 장자는 "먼저 당신의 가치를 발견하라. 이것만큼 소중한 것은 없다. 자신의 가치를 발견하지 못한 사람은 스스로를 함부로 대한다."라고 했다. 그러니 내 꿈을 찾기 전에 반드시 자신의 아픈 상처와 화해가 필요한 것이다.

누구나 아픈 상처를 안고 살아간다. 하지만 그 상처를 어떻게 해결하느냐에 따라 미래는 달라진다. 상처를 내버려 둬서 속으로 곪아 터지게 할 수도 있고, 그 상처를 잘 어루만지고 해결해 세상에 둘도 없는 멋진 진주로 만들 수도 있다. 진주는 조개의 상처로부터 만들어진다는 사실을 꼭 기억하자.

나 자신과 화해하는 법

첫째, 문제를 회피하지 말자. 미국의 판사이자 정치가였던 윌리엄 번햄은 "두려움에 대한 가장 과감하고 효과적인 해결책은 직접적인 행동이다."라고 말했다. 문제를 회피하지 말고 직접 부딪쳐야 해결할 방법도 보이기 마련이다.

둘째, 자신이 부족한 것보다 잘하는 것에 집중하자. 부족한 것만 계속 신경 쓰다 보면 자신도 모르게 방어막을 치고 부정적으로 생각하기 마련이다. 모든 것을 남 탓만 해서는 좋을 게 없다. 미국의 유명한 목사 로버트 슐러는 "삶을 두려워 말라. 삶은 살아 볼 만한 가치가 있는 것이라고 믿어라. 그 믿음이 가치 있는 삶을 창조하도록 도와줄 것이다."라고 말했다.

셋째, 다른 사람의 평가에 연연하지 말자. 2012년 노벨 생리의학상을 받은 존 거든 교수는 다른 사람의 평가에 연연하다 원하는 삶을 뒤늦게 찾았다. 청소년 시절 그의 꿈은 생리학자였지만 생물 성적은 늘 꼴찌를 맴돌았다. 그러자 선생님은 성적표에 '과학자를 꿈꾸지만 지금의 성적으로는 어림없는 짓이다.'라는 말을 적어 보냈다. 존은 할 수 없이 대학 전공을 고전 문학으로 정했다. 하지만 생리학자의 꿈을 버리지 못하고 복수 전공으로 동물학을 공부했다. 그리고 10년 뒤, 존은 세계 최초로 개구리 복제에 성공했고 노벨상까지 거머쥐었다. 존은 학창시절 꿈을 이루었지만 다른 사람의 평가에 연연하다가 혹독한 대가를 치룬 것이다.

나만의 진로 디자인

1. 문제를 회피하지 말자!
2. 자신이 부족한 것보다 잘하는 것에 집중하자!
3. 다른 사람의 평가에 연연하지 말자!

지금 품고 있는 씨앗이 나의 미래다

루키 The Rookie

드라마 | 2002년 | 전체 관람가 | 128분 | 존 리 핸콕 감독 | 데니스 퀘이드, 러셀 리처드슨 출연

야구를 은퇴할 나이에 메이저리그에 서겠다는 꿈을 이룬 짐 모리스의 실화를 바탕으로 한 이야기

코치님의 꿈은 뭐예요?

우리의 마음은 밭과 같다. 어떤 씨앗을 심었느냐에 따라 열매가 맺힌다. 탐스럽고 풍성한 열매를 수확하기 위해 제일 중요한 것은 씨앗이다. 아무리 좋은 땅과 기름진 거름, 날씨까지 완벽해도 좋은 씨앗이 없으면 농사는 망치고 만다. 좋은 씨앗을 뿌려 놔야 탐스러운 열매를 기대하고 거둘 수 있다.

짐 모리스는 어려서부터 마음속에 야구 선수라는 꿈의 씨앗을 심었다. 실력도 뛰어났다. 그러나 아버지가 군인인 탓에 여러 도시로 이사를 다니다 보니 제대로 된 야구를 할 수 없었다. 마침내 한 곳에 정착했지만 그곳은 야구장은커녕 야구 글러브조차 팔지 않았다. 그래도 짐은 자신의 꿈을 향해 계속 전진했고 결국 메이저리그에 진출했다. 하지만 부상으로 더 이상 야구를 할 수 없게 되자 고향으로 돌아와 아이들을 가르치는 코치가 되었다.

부상을 당했지만 짐은 여전히 강속구를 던졌다. 아이들에게 베팅 볼을 던질 때는 손을 댈 수 없을 정도로 빨랐다. 그 모습을 보던 한 아이가 짐에게 물었다.

"코치님의 꿈은 뭐예요?"

이렇게 강속구를 던지면서도 다시 메이저리그에 도전하지 않는 이유를 따지듯이 물으면서 말이다. 아이들과 짐은 서로에게 꿈의 씨앗을 심자고 약속했다. 꿈의 씨앗 없이는 지금의 삶을 바꿀 수 없기에 서로에게 응원의 말을 던진 것이다. 그때부터 그들은 변하기 시작했다. 그들은 마음속에 심은 꿈의 씨앗을 열심히 가꿔 나가서는 결국 놀라운 열매를 맺었다.

짐의 미래를 바꾼 가슴 뛰는 꿈

영화는 짐 모리스라는 실존 인물을 바탕으로 만들어졌다. 그는 어린 시절부터 줄곧 메이저리그 마운드에서 공을 던지겠다는 꿈이 있었다. 손에서 피가 나도 쉬지 않고 공을 던질 정도로 열심히 노력했다. 그의 노력은 짐이 메이저리그에서 공을 던질 수 있는 꿈을 이루게 해 주었다. 하지만 팔꿈치와 어깨 부상을 당하면서 그는 영원히 그라운드를 떠나야 했다. 그의 나이 고작 스물다섯 살 때였다.

어느덧 짐은 세 아이의 아빠가 되었지만 그의 손에는 여전히 야구공이 들려 있었다. 짐은 틈만 나면 공터로 나가 공을 던졌다. 야구에 대한 미련 때문에 손에서 공을 놓을 수 없었다. 의사가 더 이상 공을 던지면 안 된다고 했지만 마음속에서 꿈틀거리는 야구에 대한 열정 때문에 그는 쉬지 않았다. 그러다 고장 난 줄만 알았던 어깨가 조금씩 나아지기 시작하면서 점점 강속구를 던질 수 있게 되었다.

짐은 어려서부터 가슴 뛰는 꿈을 향해 도전했다. 부상으로 잠시 도전을 멈추긴 했지만 결국 그 꿈을 이루었다. 그런데 짐이 가르친 야구부 아이들은 꿈이 없었다. 그러다 보니 야구 경기에서 지는 것조차 당연하게 여기고 쉽게 포기했다. 보다 못한 짐은 아이들을 모아 놓고 꿈을 가지라고 이야기했다. 꿈이 있어야 야구도, 삶도 바꿀 수 있다고 조언했다.

하지만 야구부 아이들은 자신들보다 코치를 더 안타까워했다. 짐이 공을 던지는 속도면 충분히 메이저리그에 도전해도 된다고 생각했다. 그러면서 형편없는 자신들을 가르치느라 시간을 허비하고 있다고 생각했다. 그 모습에 아이들은 짐에게 먼저 꿈에 도전해 보라고 말했다. 그러면 자신들도 열심히 하겠다는 것이었다. 그 말을 들은 짐은 아이들에게 야구에 대한 동기를 부여하기 위해 이렇게 약속했다.

“난 너희에게 늘 꿈을 이야기해 왔어. 가슴속에 꿈을 품어야 목표와 의지도 생기고 실력도 향상되지. 만약에 다음 대회에서 우리 팀이 지역 예선을 통과한다면 나도 메이저리그에 도전하겠어.”

마침내 메이저리그 마운드에 오른 짐 모리스
마음속에서 꿈틀거리는 야구에 대한 열정이 짐 모리스를 계속 도전하게 만들었고 결국 꿈을 이루게 했다.

짐의 말을 들으면서 아이들은 야구를 잘해야 하는 이유와 목표가 생겼다. 그러자 아이들이 달라졌다. 절대 포기하지 않겠다는 의지로 똘똘 뭉치게 된 것이다. 그 덕분에 1년에 간신히 1승을 올리던 팀이 기적적으로 17연승을 거두며 지역 선수권에서 우승을 거머쥔다.

이제 짐이 꿈에 도전할 때가 되었다. 하지만 그 길은 험난하기만 했다. 나이가 많고 열악한 환경에서 야구를 연습해야 한다는 것. 그리고 가족의 생계를 책임져야 한다는 걱정들이 짐의 마음을 괴롭혔다. 그때 짐의 아내가 결정적인 한 마디를 던졌다.

"언제 돌아오든 난 환영이지만 관둘 땐 그럴 만한 이유가 있어야 돼. 평생을 따라다닐 결정일 테니까."

그러면서 아내는 짐에게 가슴에 무엇이 있는지 다시 물었다.

"여전히 야구를 사랑하지?"

아내의 말에 짐은 다시 꿈을 향해 나아갈 힘을 얻고 계속 도전했다. 마침내 짐은 메이저리그 마운드에 서는 꿈을 이루었다. 그때 짐의 나이는 35살이었다. 보통 야구 선수들이 은퇴를 생각할 나이였다. 몸무게도 135킬로그램이나 되었는데 그가 꿈을 이루는 데에는 걸림돌이 되지 못했다.

짐 모리스는 그 뒤로 다시 학교로 돌아가 교사와 코치 활동을 이어 갔다. 그리고 세계를 다니며 자신의 꿈 이야기를 전하는 강사로 활동하고 있다. 우리나라에도 방문해 "꿈을 믿는가? 그렇다면 의심하지 말라."고 하면서 가슴에 품은 꿈을 향해 전진하라고 말했다.

여러분에게 가슴에는 어떤 꿈이 심어져 있는가. 그것을 찾는 것이 일생을 살아가는 데 가장 중요한 일 중 하나이다. 그 과정이 있어야 제대로 된 꿈의 씨앗을 키울 수 있다.

영화 속에서 진로 찾기

지금 보고 듣고 생각하는 것이 나의 미래다

시카고 로욜라 대학교의 프레드 브라이언트 교수는 보는 것에 따라 행복 지수가 어떻게 나타나는지 실험했다. 그는 실험에 참가한 사람을 세 그룹으로 나누어 매일 20분씩 산책을 시켰다. 그러면서 다음과 같은 미션을 주었다.

A그룹은 햇살이든 지나가는 사람이든 자신의 가슴을 벅차게 하는 대상에게 시선을 고정하라고 했다. B그룹은 낙서, 쓰레기, 나무에 흠집 낸 것, 찌푸린 얼굴 등 부정적인 것에 시선을 고정하라고 했다. C그룹은 다른 것에 신경 쓰지 말고 오직 산책에만 집중하라고 말했다. 그리고 일주일 후에 이들의 행복 지수를 조사해 보았다. 결과는 다음과 같았다.

A그룹: 실험 전보다 행복 지수가 높아짐. 다른 그룹에 비해 행복 지수가 월등히 높음.

B그룹: 실험 전보다 행복 지수가 낮아짐. 다른 그룹에 비해 행복 지수

가 가장 낮음.

C그룹: 실험 전이나 후에도 행복 지수는 변동 없음.

이 실험을 통해 알 수 있는 것은 사람들이 무엇을 보고 듣느냐에 따라 행복 지수가 달라진다는 것이다. 사람은 칭찬을 들으면 자존감이 형성되고 긍정적인 사람으로 변한다. 꾸중과 비난을 들으면 자신감이 없어지고 늘 부정적인 생각으로 가득 찬 사람으로 변한다.

세계적인 작가인 존 맥스웰은 생각의 중요성에 대해 이렇게 말한다.

"사람들이 꿈을 이루지 못하는 한 가지 이유는 그들이 생각을 바꾸지 않으면서 결과를 바꾸고 싶어 하기 때문이다."

생각이 그만큼 중요하다는 말이다. 그러니 지금 내가 보고 듣고 생각하는 것이 무엇인지 점검해 보아야 한다. 지금 보고 듣고 생각하는 것이 곧 나의 미래를 좌우하기 때문이다.

내 미래를 바꾸는 성공의 씨앗 심기

지금 품고 있는 마음의 씨앗이 무엇이냐에 따라 우리의 미래는 달라진다. 좋은 씨앗을 마음 밭에 심고 가꾸어야 풍성한 열매를 거둘 수 있다. 인생을 성공적으로 이끄는 씨앗은 정말 많다. 그중에서도 청소년기에 꼭 심고 가꾸었으면 하는 꿈의 씨앗을 엄선했다. 아래의 꿈의 씨앗만큼은 여러분의 마음 밭에 단단히 심고 가꾸어 나가야 한다. 그래야만 원하는 대로 꿈을 이룰 수 있으며 미래를 바꿀 수 있다.

첫 번째는 비전의 씨앗이다. 비전은 '현상 너머에 있는 것을 바라보며 간절히 원하는 미래의 모습을 그리는 통찰력'이다. 쉽게 말해 자신이 살아갈 인생을 마음의 눈으로 먼저 그려 보는 능력을 말한다. 언제, 어디서, 무엇을 하며 어떻게 살 것인지를 선명하게 바라볼 수 있도록 구체적으로 떠올려 보자. 비전은 자신이 원하는 인생의 목표를 이룰 수 있도록 이끌어 주는 나침반과 같다.

두 번째는 열정의 씨앗이다. 열정은 '자신의 목표를 이루기 위해 신념을 가지고 끝까지 열중하는 마음'을 말한다. 열정은 비전을 이루는 데 없어서는 안 될 중요한 덕목이다. 꿈만 있다고 되는 것이 아니라 꿈에 합당한 노력이 필요하다. 열정은 어떤 일을 하더라도 끝까지 최선을 다하게 한다. 그러니 열정이 있는 사람은 무슨 일을 하더라도 자신감과 패기가 넘치며 도전적이다.

세 번째는 인내의 씨앗이다. 인내는 '원하는 목적을 이룰 때까지 포기하지 않고 참고 기다리는 것'이다. 어떤 어려움과 고난, 실패, 환경에 처하더라도 꿈을 이루기 위해 포기하지 않고 참고 기다리는 마음이 필요하다. '인내는 쓰고 그 열매는 달다'고 했다. 참고 기다리는 마음 없이 꿈의 열매는 맺히지 않기에 인내는 꼭 필요하다.

네 번째는 절제의 씨앗이다. 절제는 '삶의 목표를 이루는 데 방해가 되는 일을 하지 않고 꼭 해야 하는 일을 하는 것'이다. 절제는 감정, 욕망, 쾌락, 음식, 게임, 텔레비전, 언어(말), 마음, 생각을 다스리는 것이다. 철저한 자기 관리와 같다. 절제는 꿈을 이루는 데 방해되는 나쁜 습관은 버리고 꼭 해야 하는 일을 하게 하는 좋은 습관을 하도록 돕는다.

하나의 씨앗이 아름다운 열매를 맺기 위해서는 다른 씨앗의 도움을 받아야 가능하다. 하나의 씨앗만으로는 원하는 싹을 피우지 못한다. 그러므로 비전, 열정, 인내 그리고 절제 씨앗이 잘 자랄 수 있도록 좋은 환경을 만들고 그에 따른 영양분을 제공해야 한다. 그럴 때 내 삶은 조금씩 좋은 쪽으로 변해 간다.

나만의 진로 디자인

내 마음 밭에 심을 씨앗 네 가지: 비전, 열정, 인내 그리고 절제

어떤 상황에서도 희망 잃지 않기

인생은 아름다워 Life Is Beautiful

코미디 | 1998년 | 전체 관람가 | 116분 | 로베르토 베니니 감독 | 로베르토 베니니, 니콜레타 브라시 출연

유태인 수용소에 갇힌 귀도가 사랑하는 가족을 위해 죽는 순간까지도 유쾌함을 잃지 않는 모습을 담은 감동 이야기

왜 귀도는 인생을 아름답다고 했을까

귀도는 도시에서 서점을 열고 싶은 꿈이 있었다. 그 꿈을 이루기 위해 시골을 떠나 도시로 가야겠다고 마음먹는다. 하지만 도시로 가는 길은 시작부터 순탄하지 않았다. 내리막길을 달리던 차의 브레이크가 갑자기 고장 나고, 서점을 열려고 찾아갔던 공무원의 머리에 화분을 떨어뜨려 도망자 신세가 되기도 했다. 비 오는 날 여자 친구를 데려다 주는데 차가 고장 나서 또 한 번 망신을 당하기도 했다. 하는 일마다 제대로 풀리는 일이 없었다. 하지만 귀도는 이런 난감한 문제를 만날 때마다 고민하거나 당황하지 않았다. 오히려 유쾌하게 문제를 풀어 갔다.

하지만 유태인이라는 이유만으로 가족과 함께 수용소에 갇히게 된 것은 견디기 힘들었다. 아무런 죄가 없는 아들에게도 죽음이 기다리고 있었다. 유태인이 아니지만 자신을 따라 수용소로 들어온 아내를 바라보는 것도 힘들었다. 귀도는 이러지도 저러지도 못하는 상황에 놓이게 되었다.

지금의 나라면 이 순간 어떻게 생각하고 행동했을까. 모든 것을 포기하고 가족들과 함께 죽는 순간을 기다릴까. 아니면 무리해서라도 탈출을 시도했을까. '긍정남' 귀도라면 어떤 선택을 했을까. 이 영화의 제목이 왜 〈인생은 아름다워〉인지 곰곰이 생각해 보자.

어떤 상황에서도 긍정적으로 생각하기

누구나 한 번쯤 살아가면서 혼자의 힘으로 문제를 해결하지 못해 어려움을 겪은 적이 있을 것이다. 벽에 부딪혀 꼼짝달싹 못하고 끙끙 앓으면서 더 이상 나아갈 수 없는 상황도 겪는다. 그럴 때 그 문제를 어떻게 바라보는지가 중요하다. 그 문제에 반응하는 나의 태도로 우리의 인생은 달라질 수 있다.

알렉산더 그레이엄 벨은 전화기를 발명한 것으로 유명하다. 수많은 실험에서 실패할 때마다 그는 문제를 바라보는 태도를 달리했다.

"한쪽 문이 닫히면 다른 쪽 문이 열린다. 하지만 우리는 닫힌 문을 오래 바라보며 슬퍼하느라 자신을 위해 열린 문을 보지 못할 때가 많다."

닫힌 문에 집중하지 말고 다른 길을 찾으면 분명 열려 있는 문이 있다는 것이다. 어쩌면 당장 공감하기 힘들 수도 있다. 어렵고 힘든 상황에서도 늘 긍정적으로 생각한다는 것은 말처럼 쉬운 일이 아니다. 대부분의 사람은 문제에 빠져서 당황하고 헤어 나오지 못한다. 끙끙 앓다가 좌절하기도 하고, 끝내 포기하기도 한다.

물론 이것은 개개인의 생각에 문제가 있어서 그런 게 아니다. 사람의 특성 때문이다. 사람은 긍정적인 것보다 부정적인 것에 더 적극적으로 반응한다. 불평불만은 쉽게 떠오르는데 좋은 점은 한참을 생각해야 떠오른다. 그만큼 상황을 긍정적으로 바라보는 것이 쉽지 않다는 이야기다. 그럼에도 불구하고 〈인생은 아름다워〉의 주인공 귀도는 처음부터 끝까지 좋은 쪽을 바라보고 선택했다.

어느 날 귀도가 자동차를 타고 가다가 내리막길에서 브레이크 고장이 났다. 여러분이라면 이 순간 어떡하겠는가. 내가 그 상황이었다면 손에서 땀이 나고 '나는 이제 죽었구나' 하는 생각밖에 나지 않을 것 같다. 막막한 마음에 울음을 터트릴지도 모른다. 하지만 '긍정남' 귀도는 나와 달랐다. 오히려 그 상황을 즐기고 좋은 방향으로 이끌어갔다. 또 한 번 차가 고장 났을 때는 아무렇지도 않게 농장으로 가서 먹을 것을 구했다. 좋은 일은 겹쳐서 온다는 말처럼 훗날 아내가 될 도라도 이곳에서 만나게 되었다.

시골에서 도시로 온 귀도는 평화롭고 행복한 시간을 보냈다. 사랑하는 도라와 결혼하고 세상 무엇과도 바꿀 수 없는 조슈아를 낳았다. 서점을 열겠다는 꿈도 이루었다. 그러나 행복한 시간은 잠시였다. 지금까지 귀도가 겪은 어려움과는 비교되지 않은 고난이 닥쳐오고 있었다.

귀도는 유태인 말살 정책에 따라 조슈아와 수용소로 끌려간다. 하지만 그 길이 어떤 길인지 잘 알면서도 귀도는 웃음을 잃지 않았다. 좌절하고 낙심하는 것이 아니라 긍정적인 생각으로 그것을 헤쳐 나갈 방법을 찾았다. 수용소를 무서워하는 조슈아를 안심시키기 위해 귀도는 지금 펼쳐지고 있는 모든 일이 게임이라고 했다. 게임에서 승리하면 진짜 탱크를 선물로 받을 수 있다는 이야기를 해 주며 천 점을 채울 때까지 참아야 한다고 말했다. 탱크를 생일 선물로 받고 싶었던 조슈아는 아빠의 말을 믿고 따랐다.

수용소의 삶은 힘들었다. 도저히 살아서 나갈 방법이 없어 보였다. 고된 노동과 배고픔으로 수용소에 갇혀 있는 유태인 모두 희망을 잃고 좌절한 모습이었다. 그러나 귀도는 달랐다. 언제나 유쾌한 얼굴로 게임을 하고 있는 듯이 움직였다. 조슈아에게 반드시 게임에서 승리해 탱크를 선물

어떤 상황에서도 유쾌함을 잃지 않는 귀도
늘 희망을 가지고 긍정적인 귀도의 모습이 조슈아를 무사히 살릴 수 있었다.

로 받자는 의지를 심어 주었다. 조슈아도 친구들이 모두 죽고 없는 힘든 상황이지만 아빠의 말을 끝까지 믿고 버텼다.

하지만 결국 귀도는 죽음을 맞이하게 된다. 죽음을 앞둔 처절한 상황에서도 귀도는 조슈아에게 이 모든 것이 게임이라는 것을 믿게 하려고 웃는 모습으로 유쾌하게 죽음 속으로 걸어갔다.

그런데 거짓말처럼 조슈아 앞에 진짜 탱크가 나타났다. 조슈아는 아빠가 죽었다는 것도 모른 채 게임에서 승리해 탱크를 선물로 받았다며 "우리가 이겼다!"라고 기쁘게 외쳤다. 어쩌면 이것은 조슈아의 승리뿐만 아니라 귀도 인생의 승리였다. 어떤 상황에서도 가장 좋은 쪽을 바라보고 긍정적인 삶을 선택했기 때문에 아들을 살릴 수 있었던 것이다.

영화의 제목은 〈인생은 아름다워〉인데 그들의 삶은 아름답지 못하다. 그런데도 왜 인생을 아름답다고 말했을까. 어쩌면 그것은 조슈아에게 전하는 아빠의 메시지가 아닐까.

'아들아, 어떤 상황에서도 긍정적이고 유쾌하게 살아가거라. 늘 희망을 가지고 긍정적인 생각을 한다면 인생은 아름다워질 수밖에 없단다.'

이것이 귀도가 아들에게 남기는 마지막 메시지였을 것이다.

어떤 상황에서도 희망 잃지 않기

《죽음의 수용소에서》를 쓴 빅터 프랭클은 긍정적인 삶의 태도 덕분에 인생을 바꾼 사람이다. 프랭클 역시 귀도처럼 유태인이었기 때문에 2차 세계 대전 당시 유태인 수용소에 갇혔다. 그는 하루에도 수백 명이 죽어가는 상황에서도 좌절하지 않았다. 앞으로 살 수 있다는 희망조차 없었지만 삶의 목표를 세우고 실천해 나갔다. 반드시 살아남아 수용소의 처참한 상황을 세계에 알리겠다는 의지였다. 그는 고된 노동과 언제 죽을지 모르는 죽음의 공포 속에서 삶의 희망을 놓지 않았다.

프랭클은 깨진 유리 조각을 주워 매일 면도했다. 무딘 유리 조각으로 면도를 하자 살갗이 찢어지는 고통이 느껴졌다. 그래도 매일 쉬지 않았다. 그러자 생기를 잃어버린 수용소에서 프랭클의 얼굴만은 활기가 넘쳤다.

2차 세계 대전이 끝나고 마침내 프랭클은 수용소에서 벗어날 수 있게 되었다. 그리고 수용소의 참상을 세계에 알리기 위해 노력했다. 또한 당시 받았던 정신적 고통을 바탕으로 어렵고 힘든 상황을 이겨 내는 '로고테라피'라는 심리 치료를 만들었다. 이 모든 것이 어떤 상황에서도 좋은 쪽을 선택하고 행동한 긍정의 힘 때문이었다.

명확하게 진로를 설계하고 원하는 길을 걸어도 오르막길은 생기기 마련이다. 때로는 거센 비바람과 폭풍우를 만나기도 한다. 차가운 눈보라에 갇혀 앞을 가늠할 수 없는 상황도 발생한다. 그럴 때마다 우리는 귀도의 삶을 생각해 보자. 귀도처럼 긍정적으로 생각하고 행동하면 우리의 삶도 그렇게 변한다.

상황을 받아들이는 태도는 마음에 색을 칠하는 붓과 같다. 자신의 생각에 따라 마음의 색을 밝고 경쾌하게 칠할 수도 있고, 어둡고 우울하게 칠할 수도 있다. 이 모든 것이 자신의 선택에 달려 있다.

미국의 신학자 찰스 스윈들의 말을 되새기며 오늘의 삶의 태도를 점검해 보자. 그것이 어떤 상황에서도 희망을 잃지 않는 비결이다.

"내가 매일 내릴 수 있는 결정 중에서 가장 중요한 것은 태도라고 생각한다. 태도는 앞을 향해 계속 나아가게 할 수도 있고 절뚝거리게 만들 수도 있다. 태도만이 나의 희망에 화력을 더해 주기도 하고 나의 희망을 꺼지게 만들기도 한다."

삶을 긍정적으로 바라보고 행동하는 방법

어떻게 하면 삶의 좋은 쪽을 바라보고 가장 희망적이며 긍정적인 생각과 말을 하며 살아갈 수 있을까?

첫째, 생각 프로그램을 바꾸는 것이다. 우리는 자신이 평소에 프로그래밍 한 대로 생각하게 되어 있다. 잘못된 생각이 입력되면 가는 길이 오류가 걸리고 프로그램이 다운될 때가 있다. 그때마다 생각 프로그램을 다시 디자인해서 입력해야 한다. 어떤 상황에서도 좋은 쪽을 선택하고 바라보겠다는 의지가 생각을 바꿀 수 있다.

둘째, 말을 바꾸어야 한다. 사람이 뱉은 말에는 생명이 담겨 있다. '말이 씨가 된다.'는 속담도 있듯이 말로 뿌린 씨앗이 그에 합당한 삶의 열매로 나타난다. 말한 대로 이루어지는 것이다. 그러니 어떤 상황에서든 부정적인 말을 사용하면 안 된다. 부정적인 말을 사용하면 온몸이 부정적으로 반응하게 되고 부정적인 결과가 나타난다. 사람은 들은 대로 성장한다. 자성예언이다. 말은 스스로에게 한 예언과 같다는 뜻이다.

셋째, 스스로 가치 있고 소중한 사람이라는 것을 알아야 한다. 이 세상에 60억이 넘는 인구가 살고 있다. 하지만 나와 똑같은 사람은 하나도 없다. 나는 유일한 존재다. 그러니 누구와 비교할 필요조차 없다. 나는 나일 뿐이다. 그런 나를 스스로 사랑해야 한다. 내가 나를 사랑할 때 자신이 얼마나 소중한 사람인지 알 수 있다. 자신을 소중히 여기는 사람은 할 수 있다는 자신감이 생긴다. 그러다 보면 매사에 긍정적으로 생각하고 도전하고 시도할 수 있게 된다.

넷째, 감사의 마음을 품는 것도 중요하다. 감사는 어떤 상황에서도 가장 좋은 쪽을 선택하고 주어진 혜택에 대한 고마움을 말과 행동으로 표현하는 것이다. 오늘 하루를 살면서 감사할 것이 무엇인지 노트에 적어 보자. 감사할 것들을 적다 보면 부정적인 것에서 자신도 모르게 멀어진다.

감사할 것을 적으려면 긍정적인 요소를 찾아야 하기 때문이다. 이미 많은 기업이나 개인이 감사할 것들을 적으면서 삶을 긍정적으로 변화시켰다. 그 효과가 과학적으로 검증되었다. 그러니 매일매일 감사한 것을 찾아 기록하는 훈련이 필요하다. 사소한 것부터 시작해 보자. 날씨가 좋거나 맛있는 밥을 먹어서 좋았다는 것들과 같이 일상생활에서 흔히 찾아낼 수 있는 것들로 감사 목록을 기록하면 된다. 그러면 어렵지 않게 감사할 것들이 보인다. 이러한 노력이 훈련되어야 긍정적인 사람으로 변화가 이루어진다.

나만의 진로 디자인

1. 생각 프로그램을 바꾸자.
2. 부정적인 말을 사용하지 말자.
3. 나를 스스로 사랑하자.
4. 늘 감사하자.

REC

2장

도대체 내 꿈은 뭐지?

가장 소중한 가치는?

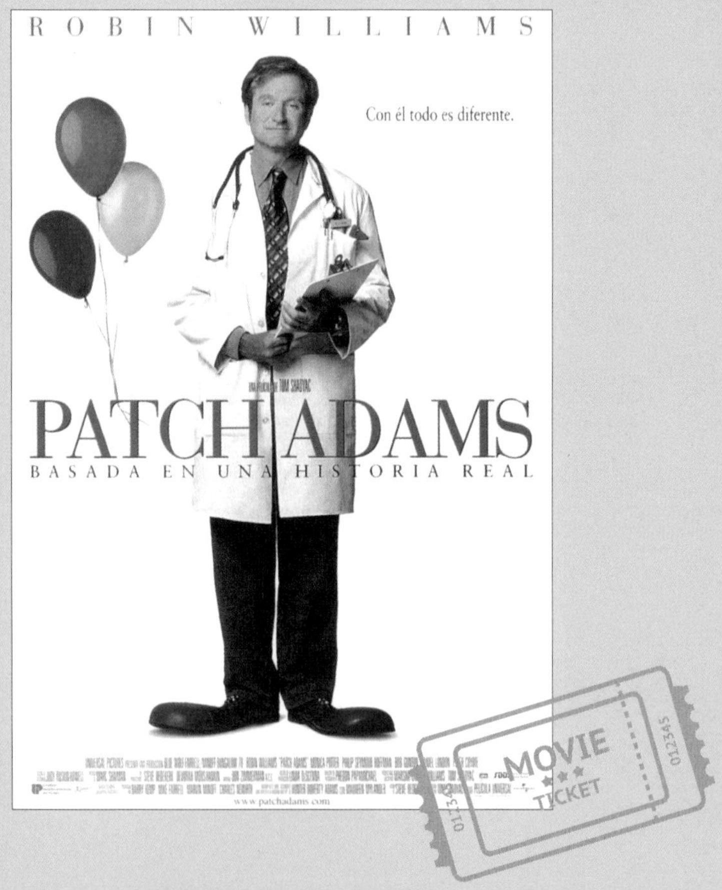

패치 아담스 Patch Adams

코미디, 드라마 | 1999년 | 12세 이상 관람가 | 115분 | 톰 섀디악 감독 | 로빈 윌리엄스, 모니카 포터, 밥 건튼 출연

의사의 권위보다는 환자의 마음을 먼저 헤아리며 웃음을 선물하는 의사 패치의 유쾌한 이야기

패치가 생각하는 의사의 역할은 무엇일까?

의대생 패치는 독특한 방법으로 환자를 치료했다. 환자들 개개인의 특성을 찾아 특유의 아이디어와 장난기로 웃음을 선물했다. 병마에 시달려 예민해진 환자들은 패치 덕분에 웃음을 되찾았다. 비록 몸은 힘들지만 마음만큼은 행복으로 가득했다. 환자의 마음이 안정되면서 병을 치료하는 데에도 도움이 되었다.

패치가 생각하는 의사의 역할은 무엇일까. 그는 죽음이 오는 속도를 늦추기보다는 하루를 살아도 즐겁고 행복하게 사는 게 중요하다고 여겼다. 환자들이 삶의 질을 높일 수 있게 도와주는 게 의사의 역할이라고 생각했다. 그래서 의사로서의 권위를 포기하고 자신을 망가뜨려 가며 환자들에게 웃음을 선물했다. 이런 패치의 행동을 다른 의사들은 이해하지 못했다. 특히 월콧 학장은 환자에게는 의사가 필요할 뿐 오락이나 친구는 필요 없다며 경고했다. 두 사람은 끊임없이 대립하며 자신의 가치가 옳다고 주장했다.

여러분은 어느 쪽의 가치가 옳다고 생각하는가. 사람은 자신이 가지고 있는 가치에 따라 선택하고 행동한다. 가치는 우리가 살아가면서 중요하다고 여기는 덕목이다. 나는 어떤 가치에 우선순위를 두고 살아갈 것인가. 이 문제는 우리가 살면서 한 번쯤은 치열하게 고민해야 한다. 이것이 미래의 내 모습을 결정짓는 중요한 요소가 되기 때문이다.

의사로서는 새로운 가치를 보여 준 패치

의사가 환자를 진료하는 데 우스꽝스러운 옷을 입었다고 생각해 보자. 빨간 광대 코와 커다란 신발, 뾰족한 모자를 쓴 모습. 의사로서 품위가 없다고 생각할 것이다. 혹은 실력이 없어서 이상한 행동으로 진료를 대충 마무리하려는 것은 아닌지 의심스러운 눈초리로 바라볼 것이다. 그런데 이렇게 독특하게 환자를 치료하는 의사가 있다. 바로 헌터 패치 아담스다.

패치는 군인이었던 아버지가 집을 나간 이유가 자신 때문이라고 생각했다. 그 상처로 평생을 힘들게 살았다. 여러 가지 직업을 전전했지만 무엇 하나 제대로 이어가지 못했고, 한 해에 일곱 번이나 이사를 다닐 정도로 불안한 삶을 살았다. 결국 자살까지 시도했다가 가까스로 목숨을 건진 패치는 스스로 정신 병원에 들어갔다. 패치는 정신 병원에서 환자들과 함께 생활하며 그들을 대하는 방법을 터득했다. 그들의 눈높이에서 바라보고 함께할 때 환자들은 마음의 문을 연다는 것을 발견했다. 그 후 패치는 자신이 하고 싶은 일을 발견하고 정신 병원을 나왔다.

패치가 선택한 길은 의사였다. 헌터에서 패치로 이름을 바꾼 것도 이 때문이었다. 패치Patch는 '상처를 치유하다'라는 뜻으로, 겉으로 드러난 질병뿐만 아니라 내면의 아픈 상처까지 치료하고 싶다는 생각에 이름을 바꾼 것이다. 패치는 자신의 가치대로 늘 환자를 진심으로 대했다. 의사의 권위나 의학 지식을 내세우기보다는 환자들의 눈높이에서 그들의 아픔을 함께 나누려고 노력했다. 그러면 병은 자연스레 나을 것이라고 생각했기 때문이었다. 때로는 치료를 실패해 환자가 죽을 수도 있지만 패치는 죽음이 두렵지 않았다. 의사가 죽음을 막는 것보다 환자가 하루라도 행복하게 사는 게 더 중요하다고 생각했다.

하지만 의학계에서는 패치의 생각을 받아들이지 않았다. 의사는 의술로 환자를 치료해야 한다고 생각한 것이다. 특히 월콧 학장은 패치에게 병원에서 이상한 행동을 하지 말라고 끊임없이 경고했다. 하지만 패치는 환자들에게 웃음 주는 것을 멈추지 않았다. 의사로서 추구하는 가치가 달랐던 것이다. 하지만 월콧 학장은 패치의 광대 같은 옷과 행동이 의사의 품위와 병원의 질서를 깨뜨린다고 여겼다. 그래서 패치를 병원에서 쫓아내려고 퇴학 처분까지 내렸다.

패치는 그대로 물러서지 않았다. 퇴학 처분의 부당함을 주립 의학 협회에 제소했다. 패치가 가진 가치와 기존 의학계가 가지는 가치가 부딪쳐 싸움이 되었다. 패치는 의사는 권위 있는 직업이 아니라 환자와 마음을 나누는 직업이어야 한다고 자신을 변호했다. 질병만을 치료하는 것은 환자에 대한 무관심이라고 목소리를 높였다. 무관심보다 무서운 것은 없다. 자신은 환자들과 함께 울고 웃는 의사가 되고 싶다며 간절하게 호소했다. 그러면서 위원회에 참석한 의대생들에게 자신이 가진 의사로서의 가치를 이렇게 설명했다.

"삶의 기적에 대해 무감각하게 생각하지 마. 항상 인간 육체의 놀라움에 감탄하며 살아. 좋은 성적보다 그게 네 목적이 되게 해. 성적은 네가 어떤 의사가 될지 가르쳐 주지 못해. 병동에 들어서기 전에 인간성을 회복해. 말하기 기술을 쌓아 낯선 이에게 말을 걸기 시작해."

의사로서의 가치를 새롭게 정립하라는 이야기를 들은 의대생들은 패

아이들이 패치를 응원하는 모습
패치는 환자의 눈높이에서 그들의 아픔을 나누려 노력했던 마음을 인정받았다.

치의 말에 공감했다. 병원 아이들도 빨간 광대 코 모습으로 나타나 패치를 응원했다. 위원회는 패치의 열정을 인정해 그가 공부를 계속하도록 결정을 내렸다.

영화의 주인공 헌터 패치 아담스와 그의 동료들은 실제로 1971년부터 지금까지 게순트하이트Gesundheit라는 진료소를 운영하고 있다. 게순트하이트의 활동은 65개 국가에서 15만 명이 동참하고 있을 정도로 활발하게 진행되고 있다고 한다. 패치가 주장한 가치가 세계적으로 인정받고 있다는 증거다.

여러분도 삶을 이끌어 줄 소중한 가치 발견이 필요하다. 그 가치가 여러분 삶의 나침반이 되어 삶의 목적지로 이끌어 줄 것이다.

내가 택한 가치에 따라 인생이 바뀐다

조나단 에드워즈와 마커스 슐츠라는 사람은 서로 다른 가치를 품고 영국을 떠나 미국에 정착했다. 조나단 에드워즈는 미국에 정착하면서 '가치 있는 삶을 살기 위한 다섯 가지 결의'를 작성해 평생을 지키며 살았다. 그 다섯 가지는 다음과 같다.

첫째, 사는 동안 최선을 다한다.

둘째, 할 수 있는 한 가장 유익한 방법으로 살고 이 방법이 아니면 한 순간이라도 낭비하지 않는다.

셋째, 경멸하는 것이나 비천하게 생각되는 것은 절대로 하지 않는다.

넷째, 복수심 때문에 어떤 일을 하지 않는다.

다섯째, 생명이 끝나더라도 해서는 안 될 일은 하지 않는다.

반면 마커스 슐츠는 오직 돈을 많이 벌어 자손들에게 가난을 물려 주지 않겠다는 생각으로 살았다. 술집을 차려 열심히 돈을 벌었고 그 결과 뉴욕 강력범의 대부가 되었다.

그 후 150년이 지나 어느 대학에서 두 사람의 후손들을 조사했다. 과연 두 사람이 품고 살았던 가치가 미래에 어떤 영향을 끼쳤는지 알아보기 위해서였다. 조나단 에드워즈의 자손은 모두 1394명이었다. 그중 성직자가 116명, 교수와 교사가 86명, 부통령 1명, 국회의원 4명, 실업가 73명, 과학자 21명, 문예가 75명, 교회 지도자가 286명이었다.

마커스 슐츠의 자손은 모두 1062명이었다. 그중 5년 이상 감옥 생활을 한 사람이 96명, 정신 질환자 58명, 창녀 65명, 극빈 구호 대상자가 286명, 부랑아가 460명이었다.

미국 시카고 대학은 한때 삼류 대학이었다. 하지만 학생들에게 인문 고전을 읽게 한 후로는 명문 대학으로 뒤바뀌었다. 5대 총장으로 취임한 허친스 총장은 학생들이 인문 고전 100권을 모두 읽어야 졸업할 수 있도록 했다. 책을 읽으며 저마다 역할 모델과 인생의 가치를 발견해 그 가치에 따라 꿈과 비전을 디자인하라고 가르쳤다. 그 후 학생들의 변화가 시작되었고 미국 시카고 대학은 지금 '노벨상 왕국'이 되었다.

문학 평론가 조지프 우드 크러치는 가치의 중요성을 이렇게 말한다.

"하나의 가치가 생겨 날 때마다 우리 존재는 새로운 의미 하나를 갖게 된다. 가치 하나가 사라질 때마다 우리의 의미 한 부분이 사라진다."

가치는 인생의 의미가 사라지게 할 수도 생기게 할 수도 있다. 그러니 바람직한 가치를 품는 것이 진로를 결정하는 데에 아주 중요하다. 바람직한 가치 없이 발견한 꿈은 어쩌면 여러분 삶에 독이 될지도 모른다. 가치가 곧 성공적인 인생을 살도록 이끌어 주는 원동력이기 때문이다.

내가 품고 싶은 가치 탐색하기

인생을 사는 방법은 두 종류가 있다. 자기 생존을 위해 사는 인생과 가치를 따라 살아가는 인생이다. 생존을 위한 인생은 '무엇이 될까?'하는 결과에 관심이 있다. 반면 가치를 바탕으로 살려는 인생은 '어떻게 살아갈 것인가?' 하는 과정에 초점이 맞춰져 있다.

미국 시카고 대학의 벤자민 블룸 교수는 "성공의 영향을 미치는 결정적 변수는 선천적인 재능이나 후천적인 양육 환경이 아니다. 그것은 오직 스스로의 가치관에 따라 선택한 일, 즉 '하고 싶은 일을 했느냐'에 달려 있다."라고 말했다. 이 말은 그가 다양한 분야에서 성공한 사람들을 조사해서 얻은 결론이다. 가치에 따라 어떤 일을 선택했느냐에 따라 인생이 좌우된다는 것이다.

가치는 어느 것에 더 값어치를 둘 것인가의 문제라고 했다. 다양한 가치 덕목 중에 유난히 마음이 가는 가치는 누구에게나 있다. 그런 가치를 바탕으로 자신이 하고 싶은 직업을 알아보는 것이 중요하다. 그러면 나중에 직업을 선택했을 때 후회할 확률이 줄어든다. 인생에 의미를 가질 수 있고 보람도 느낄 수도 있다. 영화 〈패치 아담스〉처럼 같은 의사이지만 품고 있는 가치에 따라 의미와 보람을 다르게 느낀다는 이야기다. 그러므로 반드시 자신의 가치에 대해 점검할 시간이 필요하다.

가치 선택하기

아래에 다양한 덕목 중 내가 소중하게 여기는 핵심 가치를 선택해 보자. 선택한 이유도 생각해 보자.(단, 가치 목록을 선택할 때는 사람에게 유익한 것인가, 세월이 흘러도 변함없이 가치 있는 것인지 꼭 염두하자.)

번호	덕목	내용	체크
1	나눔	내가 가진 것을 아낌없이 사람들에게 나누어 주는 일	
2	헌신	가난하고 배우지 못한 사람들을 위해 봉사하고 헌신하며 사는 삶	
3	정의	차별과 편견, 불의가 없는 세상을 만들어 가는 삶	
4	리더십	자신이 속해 있는 곳을 올바른 방향으로 이끌어 가는 능력	
5	신앙	종교적 신념에 따라 살아가는 삶	
6	가족	가족 간에 서로 사랑하고 함께 행복하게 살아가는 일	
7	건강	질병으로 고통 당하지 않고 건강하게 사는 삶	
8	경제력	원하는 것을 소유하고 선한 곳에 힘을 보탤 수 있는 능력	
9	비전	자신의 이상을 펼쳐 갈 수 있는 능력을 확립하는 일	
10	권력	사회를 통제하고 다스려 원하는 것을 발현하는 힘	
11	정직	어떤 경우라도 거짓이나 꾸밈없이 진실하게 살아가는 삶	
12	도전	어려움에 굴하지 않고 도전하며 나아가는 삶	
13	창의성	기발한 생각이나 아이디어로 새로움을 창출하는 일	
14	봉사	도움이 필요한 사람에게 대가 없이 돕고자 하는 마음	
15	지혜	좋은 것과 중요한 것 중 먼저 할 것을 아는 능력	
16	전문성	한 가지 분야에 통달하는 능력	
17	자존감	자신이 소중한 사람임을 알고 자신을 존중하고 살아가는 힘	
18	중용	지나치거나 모자람이 없는 상태를 유지하는 능력	
19	우정	우애를 나누며 함께 나아가는 대인 관계 능력	

번호	덕목	내용	체크
20	사랑	인종이나 국경을 넘어 사람을 사랑하고 아끼는 힘	
21	명예	많은 사람들에게 존경과 칭송을 받으며 살아가는 삶	
22	용기	힘 앞에 굴하지 않는 굳센 기운으로 무장한 삶	
23	성실	정성스럽고 참된 태도로 살아가는 일	
24	지식	인간과 사물에 대해 탐구와 이해로 풍부한 앎을 얻는 삶	
25	개척	아무도 관심을 두지 않는 새로운 분야를 닦아 가는 일	

내가 선택한 가치는?

	가치	이유	관련 직업 찾기
1			
2			
3			
4			
5			
6			

나도 모르게 관심 가는 것은?

빌리 엘리어트 Billy Elliot

드라마 | 2001년 | 12세 이상 관람가 | 109분 | 스티븐 달드리 감독 | 제이미 벨, 진 헤이우드 출연

발레리노에 대한 편견에 맞서며 자신의 재능을 발견하고 꿈을 이루기 위해 노력하는 열정 소년 빌리 이야기

권투 선수 빌리의 꿈

자신도 모르게 관심이 가는 것이 있으면 저절로 몰입한다. 그것을 배우고 싶고, 해 보고 싶어 견디지 못한다. 만약 기타리스트가 되고 싶은 사람이 있다면 먼저 기타를 배우는 데 혼신의 노력을 기울일 것이다. 열악한 환경이나 반대를 무릅쓰고서라도 기타 연주와 노래 연습을 게을리하지 않을 것이다. 그러다 보면 꿈에 가까이 다가갈 수 있을 것이다. 좋아하고, 하고 싶은 일을 발견하고 열정을 쏟으니 인생이 달라지는 것은 분명하다. 그러니 꿈에 다가서는 것은 당연한 일이다.

빌리의 삶이 그랬다. 빌리는 가난한 탄광촌에서 태어났다. 치매 증세가 있는 할머니, 탄광에서 일하는 아버지, 형과 함께 살아가지만 그나마 탄광의 파업으로 생활조차 힘들었다. 가난을 대물림하는 것을 막기 위해 아버지는 빌리에게 권투를 가르쳤다. 아들이 탄광촌을 벗어나는 길을 권투에서 찾은 것이다. 글러브를 살 돈조차 없어 할아버지 때부터 물려 내려온 오래된 글러브를 끼고 권투를 배워야 했다. 아버지는 탄광 파업으로 생활비가 없지만 권투 수강료만큼은 꼬박꼬박 챙겨 주었다.

하지만 빌리는 권투를 배우는 데 흥미가 없었다. 대충대충 흉내 내기에 바빴다. 연습 경기 때도 두들겨 맞는 일이 대부분이었다. 권투가 재미있기는커녕 짜증스럽기만 했다. 빌리가 권투에 싫증을 느끼고 방황할 무렵, 같은 체육관에서 발레 교습이 시작되었다. 권투 연습장 바로 옆에서 피아노 리듬에 맞춰 여학생들이 발레를 배웠다. 머리 보호대를 쓰고 글러브를 낀 빌리는 자신도 모르게 발레 연습장으로 걸어갔다. 그러고는 살며시 무리에 들어가 발동작을 따라했다. 누가 시킨 것도 아닌데 스스로 발레 연습에 동참한 것이다. 당시는 남자는 발레를 하지 않는 환경이었지만 빌리는 신경 쓰지 않았다. 형과 아버지에게 혼이 나면서도 빌리는 발레를 향한 마음을 꺾지 못했다. 오직 자신이 좋아하는 일에 반응하며 그 마음을 따를 뿐이었다. 빌리의 삶을 보면 관심을 갖고 그것에 열정을 쏟아 붓는 것이 얼마나 중요한지 알게 된다.

전류를 탄 것처럼 춤추는 빌리

빌리는 하기 싫은 권투를 뒤로하고 발레에 푹 빠져 있었다. 춤을 추는 것이 무엇보다 즐거웠다. 스트레스도 춤을 추며 풀었다. 신체 조건도 좋았고 재능도 있어 보였다. 시간이 흐를수록 빌리는 발레에 점점 흥미를 느꼈다. 스스로 도서관에 가서 발레 책을 찾아볼 정도였다. 사서가 초등학생에게는 대출이 안 된다고 하자 발레 책을 몰래 훔쳐가기까지 했다. 빌리는 집에서 발레 책을 펴놓고 연습 삼매경에 빠졌다. 발레 시간에 배운 것은 반드시 복습하며 동작을 익혀 갔다. 어렵고 힘들어도 될 때까지 계속 시도하며 반드시 자기 것으로 만들었다. 연습한 만큼 빌리의 발레 실력도 늘어 갔다.

빌리의 재능을 발견한 발레 선생님은 빌리에게 희망을 불어넣었다. 남자도 발레로 충분히 성공할 수 있다고 말이다. 왕립 발레 학교에 입학하면 얼마든지 자신의 실력을 펼칠 수 있다고 조언했다. 발레가 좋아 연습에 빠진 빌리에게 희망이 생겼다. 자신이 나아갈 길이 또렷하게 보인 것이다. 하지만 아직 넘어야 할 산이 많았다. 경제적인 어려움보다 발레를 반대하는 아버지를 설득하는 것이 더 힘들었다.

빌리와 발레 문제로 갈등을 겪던 아버지는 우연히 체육관에 들르게 되었다. 빌리는 아버지 앞에서 두려워하지 않고 자신의 춤에 대한 열정을 혼신의 힘을 다해 표현했다. 빌리의 춤에는 절실함마저 깃들었다. 이렇게 진지한 아들의 모습을 보고 아버지는 생각을 바꾸었다. 빌리가 탄광촌을 벗어나는 길은 권투가 아니라 발레라는 것을 느꼈다. 그 후 아버지는 형과 함께 힘을 다해 빌리를 후원하고 응원하게 되었다.

하기 싫은 권투를 뒤로하고 발레에 푹 빠진 빌리
주변의 반응이나 사회적 시선보다 자기 마음에 집중하는 순간 빌리처럼 진짜 내 꿈을 발견할 수 있다.

빌리는 발레를 할 때면 극도의 몰입 상태에 다다랐다. 춤을 추면 모든 걸 잊을 정도였다. 전류가 흐른 것처럼 짜릿한 기쁨도 맛보았다. 그만큼 뜨거운 열정을 쏟아 부은 것이다. 그런 경험이 오디션 면접 때 자연스럽게 답변으로 나왔다. 빌리의 열정이 담긴 말들은 오디션에 합격할 수 있었던 결정적인 요인이 되었다.

"시작할 때는 몸이 약간 뻣뻣해지지만 한번 춤추기 시작하면 모든 게 잊혀져요. 제가 공중 속으로 사라지는 것 같아요. 마치 내 몸 안이 모두 바뀌어서, 마치 내 몸 안에 불길이 치솟고 난 그냥 거기서 날아가요. 새처럼요. 마치 전류를 탄 것처럼. 그래요. 전류를 타고 흘러다니는 것 같아요."

빌리가 하고 싶은 것을 발견할 수 있었던 것은 관심이 가는 것에 적극적으로 반응했기 때문이다. 주변의 반응이나 사회적 시선보다 자기 마음에 더 집중한 것이다. 관심사에 대한 반응이 흥미로 이어졌고 흥미는 재능으로 발전했다. 그리고 포기할 수 없는 꿈으로 이어졌다. 이것은 처음 관심을 가지는 분야에 반응하는 태도가 얼마나 중요한지 알게 한다.

물론 주변 환경이나 여건에 구애받지 않은 것도 중요하다. 빌리는 자신이 가진 관심사에만 적극적으로 반응했다. 환경과 여건은 빌리가 해결할 수 있는 것이 아니었다. 빌리가 할 수 있는 것은 자신이 할 수 있는 일에 최선을 다하는 것뿐이었다. 자신이 하고 싶은 것에 열정을 쏟자 환경과 여건은 자연스럽게 해결이 되었다.

성공 비결은 하고 싶은 일을 찾는 것

많은 청소년이 하고 싶은 일보다 돈을 많이 벌 수 있는 직장과 직업을 선호한다. 오랫동안 안정적으로 할 수 있는 일을 찾다 보니 그와 관련된 학과는 여전히 인기다. 그런데 진짜 성공적이고 행복한 삶을 살려면 하고 싶은 일이 무엇인지 발견하는 것이 중요하다. 아무리 안정적이고 돈을 많이 벌어 줄 직업을 가졌더라도 자신이 하기 싫은 일이라면 그 안에서 보람과 행복은 느끼기 힘들 것이다.

실제로 이와 관련된 연구가 미국에서 진행된 적이 있다. 스롤리 블로트닉 연구소는 1960년부터 20년 동안 '직업 선택 동기에 따른 부의 축적 여부'를 연구했다. 대상은 명문 아이비리그 대학 졸업생 1500명이었다. 그들에게 "사회생활에 첫발을 내디딜 때, 무엇을 직업이나 직장 선택의 기준으로 삼을 것인가?"라는 질문을 던졌다. 그러면서 두 가지 예를 들었다. 첫 번째는 '월급이 많고 승진이 빠른 직장'이었고, 두 번째는 '하고 싶은 일을 하는 것'이었다. 이 중 하나를 선택하라고 했다. 응답자의 83퍼센트인 1245명이 월급이 많고 승진이 빠른 직장을 선택했다. 나머지 17퍼센트의 255명은 하고 싶은 일을 하는 쪽이라고 했다.

연구소는 그로부터 20년이 지나 그들이 얼마만큼의 재산을 모으고 살고 있는지 알아보았다. 명문 대학 졸업생들답게 무려 101명이 백만장자가 되었다. 그런데 놀라운 것은 101명 가운에 단 한 명을 제외한 100명이 '자신이 하고 싶은 일'을 택한 사람들이었다. 당장 월급과 승진의 조건보다 하고 싶은 일을 선택한 사람이 부자가 될 가능성이 높다는 증거였다. 하고 싶은 일을 한 사람들의 행복 지수가 높은 것은 당연한 일이다.

교육 심리학 박사인 벤저민 블룸은 이렇게 말했다.

"성공의 영향을 미치는 결정적 변수는 선천적인 재능이나 후천적인 양육 환경이 아니다. 그것은 오직 스스로의 가치관에 따라 선택한 일, 즉 하고 싶은 일을 했느냐에 달려 있다."

결국 성공은 자신이 하고 싶을 일을 찾는 것에 달려 있다.

내 관심사를 찾는 방법

대부분의 청소년이 진로를 고민할 때 공통적으로 하는 말이 있다.

"뭘 해야 될지 모르겠어요. 하고 싶은 것이 없어요."

이렇게 말한 이유는 자신의 관심사를 발견하지 못했기 때문이다. 자신이 관심이 가거나 하고 싶은 것을 발견할 기회조차 가지지 못한 경우도 많을 것이다. 오직 성적을 올리기 위한 공부에 길들여진 사람도 있다. 이런 삶 속에서는 자기 관심사를 찾을 수 없다.

진로 디자인은 관심사를 발견하는 것부터 시작된다. 재능보다 중요한 것이 관심사다. 관심사는 하고 싶은 일로 발전되고 그것이 곧 흥미가 된다. 재능이 아무리 탁월해도 오랜 시간 끊임없이 연습하지 않으면 성장하기 힘들다. 하지만 어떤 일에 흥미와 관심이 있으면 오랫동안 그 일에 전념하게 되고 자연스레 실력이 향상된다. 흥미는 열정을 쏟아부을 수 있는 동기를 일으킨다. 그 관심사를 흥미와 연결 짓고 직업으로 발전시켜 나가면 된다. 하고 싶은 일을 직업으로 선택하는 것보다 행복한 일은 없다.

내가 관심이 가는 것은 가만히 앉아 생각하는 것만으로는 찾을 수 없다. 부딪치고 도전해야 찾을 수 있다. 지금까지 삶의 경험만으로 관심사를 찾는다면 무엇이 재미있고 즐거웠는지 그 경험을 다시 떠올려 보자. 유난히 관심이 가는 과목이나 방과 후 수업 중 기다릴 때마다 설레고 가슴이 벅차오른 것, 쇼핑을 할 때 나도 모르게 발걸음이 움직이는 코너와 물건, 자신도 모르게 집중이 잘되거나 시간 가는 줄 모르고 하는 것들이 내가 관심을 가지고 있는 분야이다. 관심사는 흥미로, 흥미는 재능과 직업으로 연결될 수 있기 때문에 신중히 판단해야 한다.

내 관심사 찾아보기

진로 디자인은 내 관심사를 찾는 것부터 시작한다. 내가 관심을 가지는 것은 무엇인지 생각해 보자.

기준	분야	그 이유	관련 직업
유난히 기다려지고 좋아하는 과목은?			
주로 사는 물건이나 자주 가는 코너는?			
자신도 모르게 몰입하거나 시키지 않아도 스스로 하는 일은?			

내가 몰두할 수 있는 것은?

옥토버 스카이 October Sky

드라마 | 1999년 | 전체 관람가 | 108분 | 조 존스톤 감독 | 제이크 질렌할, 크리스 쿠퍼 출연

부모의 뜻보다는 하고 싶은 로켓 연구를 마음껏 하며 자신의 꿈을 이룬 호머 히컴의 실화

가난한 탄광촌의 로켓 연구가

관심사는 어느 날 문득 찾게 될 수도 있다. 나도 모르게 흥미를 느껴 다가갈 수 있는 것이 관심사다. 하지만 나의 적성은 어느 날 문득 찾을 수 있는 것이 아니다. 끊임없이 노력했을 때 알게 된다. 학생 중에는 한두 번의 경험으로 흥미를 느껴 그것이 자신의 적성과 맞는다고 착각하는 경우가 종종 있다. 그러다 좀 더 깊이 있게 공부나 활동을 해야 할 때가 오면 슬그머니 포기하고 만다. 하지만 모르는 것을 알게 되었을 때나 어려운 과제를 극복하고 해결했을 때, 그 무엇보다 큰 재미를 느끼기 마련이다. 그렇게 느낀 재미는 지속적으로 노력할 수 있는 힘을 주고 더 나아가 직업으로 발전시킬 밑거름이 되기도 한다.

〈옥토버 스카이〉의 주인공 호머 히컴의 삶 역시 그랬다.

호머는 가난한 탄광촌에서 태어났다. 호머가 할 수 있는 것은 풋볼 선수가 되어 대학을 가거나 아버지를 따라 탄광으로 들어가는 것이었다. 하지만 호머는 체격 조건이 불리해서 풋볼을 하기 어려웠다. 호머가 희망을 잃고 방황하고 있을 때 그의 머리 위로 '스퍼닉'이라는 위성이 지나갔다. 그 모습을 보며 호머는 로켓을 만들어 우주로 쏘아 올리겠다는 꿈을 가졌고, 그때부터 로켓을 만들기 시작했다. 하지만 로켓 만들기는 번번이 실패했다. 어디로 날아갈지 모르는 로켓은 사람의 목숨을 위협하기도 했지만 포기할 수 없었다. 로켓을 쏘아 올리는 과정에서 느끼는 성취감과 재미를 포기할 수 없었기 때문이다. 하지만 아버지는 호머가 로켓을 만드는 것을 반대했다. 셀 수 없을 정도로 많은 실패도 호머를 기다리고 있었다. 그래도 호머는 포기하지 않았다. 로켓 개발에 대한 재미가 지속적인 공부와 도전으로 연결되었다. 노력은 꿈을 이루게 해 주었다. 호머가 어떤 어려움에도 포기할 수 없었던 것은 자신이 스스로 재미있게 할 수 있는 것을 발견한 결과였다.

탄광은 아빠 인생이에요. 제 것이 아니에요!

직업을 선택할 때 많은 사람이 부모의 의견을 따른다. 부모가 누구보다 자신을 잘 알고 있다고 생각하는 것이 이유다. 물론 자신이 하고 싶은 일을 찾지 못해 부모님이나 선생님 등 주변의 의견을 따르는 사람도 많다. 대부분 부모님은 자식이 고생하는 것을 원치 않아 안정적이고 편한 직업을 권한다. 자식의 적성을 잘 알고 있다고 생각하고 자신의 뜻대로 진로를 결정하기도 한다. 때로는 자신의 뜻을 따라 가업을 이어가길 강요하는 경우도 있다.

〈옥토버 스카이〉에서도 탄광 책임자인 존은 탄광에 대한 자부심이 대단해 아들 호머가 자신의 뒤를 이어 일하길 원했다. 하지만 호머는 탄광 일보다 로켓을 만들어 우주로 쏘아 올리는 것에 더 재미를 느꼈다.

우주로 로켓을 쏘아 올리겠다는 막연한 꿈을 꾸던 호머에게 렐리 선생님은 희망의 씨앗을 선물했다. 과학 박람회에서 우승하면 장학금을 받고 대학에 진학할 수 있다는 소식이었다. 선생님은 로켓에 관심이 대단한 호머를 위해 《유도탄의 원리》라는 책도 선물했다. 로켓을 발사하려면 수학적인 지식이 필요한데 호머는 수학을 싫어했다. 렐리 선생님은 꿈만 가지고는 가난한 탄광촌인 콜우드를 벗어날 수 없다며 체계적인 공부의 필요성을 깨우쳐 주었다. 그러자 호머는 스스로 수학을 정복해 가기 시작했다. 호머는 자신이 흥미를 가지고 있는 로켓을 깊이 있게 연구하기 위해 자신이 할 수 있는 모든 것을 쏟아부었다.

로켓에 재미와 흥미가 점점 부풀어 오를 무렵 호머에게 어려움이 닥친다. 호머의 로켓이 산불을 일으켰다고 누명을 쓴 것이다. 게다가 탄광이 무너지는 바람에 아버지가 크게 다치는 사고까지 당했다. 호머는 어쩔 수 없이 로켓을 뒤로 하고 탄광으로 향했다. 형은 풋볼 장학생으로 대학에 진학해야 되므로 돈을 벌 수 있는 사람은 자신밖에 없었기 때문이다.

로켓을 만드는 것을 반대하는 아버지와 맞서는 호머
"탄광은 아빠 인생이에요. 제 것이 아니에요. 다시는 그곳에 내려가지 않아요. 우주로 가고 싶어요."라고 외치는 호머의 모습이 간절하다.

탄광 일에 적응해 나갈 즈음 호머는 렐리 선생님이 악성 종양이 발견되어 삶이 얼마 남지 않았다는 사실을 알게 되었다. 렐리 선생님의 마지막 바람은 호머가 과학 박람회에서 우승하고 자기가 원하는 삶을 살아가는 것이었다. 호머는 잊고 있었던 꿈을 되새기며 다시 로켓 연구에 몰입했다. 그리고 자신이 정말 재미있게 할 수 있는 일은 로켓 관련한 일뿐이라는 것을 발견했다. 비로소 호머는 마음속에 잠들어 있는 거인을 깨웠다. 다시 로켓을 만들겠다는 호머에게 단단히 화가 난 아버지는 로켓 만드는 일은 취미로 하고 탄광으로 돌아가라고 했다. 그때 호머는 아버지에게 이렇게 말했다.

"탄광은 아빠 인생이에요. 제 것이 아니에요. 다시는 그곳에 내려가지 않아요. 우주로 가고 싶어요."

그 뒤로 호머는 산불이 자신의 로켓 때문에 난 것이 아님을 밝혀서 누명을 벗었다. 그리고 연구를 거듭한 끝에 과학 박람회에서 우승하는 성과를 거두었다.

호머가 결코 꿈을 포기 할 수 없었던 것은 로켓을 만들고 연구할 때 느끼는 재미와 흥분이 자신을 사로잡고 있다는 것을 알았기 때문이다. 그것이 로켓에 대한 간절함으로 묻어난 것이다. 그 간절함이 환경을 극복하고 꿈을 이루어 가는 원동력이 되었다.

실화를 근거로 해 만든 이 영화는 호머와 친구들이 스스로 어려운 환경을 극복하고 대학을 졸업해 자신의 인생을 살아가는 모습을 보여 주었다. 호머는 NASA의 공학자가 되어 우주 왕복선 임무를 위한 우주 비행사를 훈련시키는 일을 했다. 탄광은 얼마 지나지 않아 문을 닫았다. 호머와 친구들이 로켓 연구에 매진하지 않았다면 이들의 삶은 어떻게 되었을까?

재미는 연결하고 통합하는 능력을 키워 준다

하고 있는 일에 재미를 느끼면 배움에 불이 붙는다. 탐구 정신이 일어나 더 깊이, 더 넓게 확장해 나가게 된다. 이런 노력이 더해지다 보면 한 가지 관심사가 다른 영역으로 연결되어 새로운 분야를 만들어 내기도 한다. 재미를 느껴 시작한 것이 창의적인 사고로 이어지고, 새로운 것을 만들어 내는 능력까지 갖게 하는 것이다. 대표적인 예가 우리가 잘 아는 SNS인 페이스북이다. 페이스북은 젊은 청년 마크 주커버그가 개발했다. 그는 지금보다 더 열린 사회를 만들고 싶은 생각이 있었다. 그런 생각은 다양한 사람들이 하나의 네트워크에서 만나 서로 소통하도록 했다. 자신이 관심을 가지고 있는 분야에 재미와 흥미를 느끼자 필요한 공부가 무엇인지 찾게 되었다. 사람들을 연결하는 부분에서는 사회학과 심리학이 필요했다. 네트워크로 연결 지어 만남을 이어 가려면 컴퓨터 분야의 공부도 필요했다. 그는 자신의 흥미를 발전시켜 가기 위해 고전과 역사, 미디어, 심리학과 사회학까지 공부했다. 그 결과 사람과 사람을 연결해 주는 새로운 소통 방식을 창조했다.

호머가 로켓을 만들어 우주로 쏘아 올리겠다는 꿈을 발견했을 때도 마찬가지다. 단순히 로켓만을 좋아한 것이 아니라 로켓에 필요한 모든 것을 연구하고 공부했다. 금속의 재질을 탐구하고, 금속을 연결하는 용접까지 관심을 가졌다. 수학적인 능력은 물론 화학과 원자의 특성까지 연결 지어 생각했다. 재미와 흥미가 통합적인 사고를 가질 수 있게 한 것이다.

어떤 관심사에 재미를 느끼고 도전하면 내가 생각지도 않았던 결과물까지 얻을 수 있다. 그리고 새로운 분야를 창조하는 능력을 가지게 한다. 이 모든 것이 재미있게 할 수 있는 일을 발견했을 때 가능하다. 여러분은 무엇을 할 때 재미를 느끼고 흥분하게 되는가? 그것을 발견할 수 있도록 오늘도 우리는 힘써야 한다.

흥미 유형으로 내 진로 살펴보기

사람은 저마다 흥미를 느끼는 영역이 따로 있다. 그것은 어떤 대상을 대할 때 느끼는 행동이나 감정으로 알 수 있다. 유난히 관심을 가지는 일을 만나면 사람은 쾌감을 느끼고 집중력이 배가 된다. 하고 싶은 일만 생각하면 가슴이 뛴다. 자연스럽게 자발적이고 능동적인 삶의 태도를 취하게 된다. 그리고 하고 싶은 일에 지속적으로 관심을 갖는다. 호머가 로켓을 대하는 태도처럼 말이다.
흥미는 그 사람이 자란 환경이나 문화적인 요소들이 상호 작용하여 가지게 된다. 더 나아가 자신의 소질과 흥미, 처한 환경을 고려하여 직업을 선택한다. 특히 사람은 흥미를 중심으로 직업을 선택하는 경우가 많다. 이런 특성을 고려해 직업 흥미 이론을 만든 사람이 있다. 바로 심리학자 홀랜드이다.

홀랜드는 사람들이 가진 흥미 유형을 여섯 가지로 분류했다. 실제형(R), 탐구형(I), 예술형(A), 사회형(S), 진취형(E), 사무형(C)으로 나뉜다.(실제형은 현장형, 진취형은 기업형, 사무형은 관습형으로 불리기도 한다.) 사람들은 이 여섯 가지 흥미 유형 중에 한두 가지 흥미를 가지고 있다고 한다. 자신이 가진 흥미 유형을 알면 수많은 직업 가운데 관심 분야를 좁힐 수 있다. 그러다 보면 직업 선택이 좀 더 쉬워지기 마련이다. 그래서 나의 흥미 유형을 아는 것은 꽤나 중요한 일이다.

흥미 유형으로 직업 찾기

아래는 여섯 가지 직업 흥미에 따른 특징과 관련 직업을 정리한 표이다. 여러분의 흥미 유형과 관련된 직업을 탐색해 보자.

흥미 유형	특징	선호 직업
실제형 (Realistic)	현장에서 질서 정연하고 체계적인 조작을 직접 체험하는 활동을 선호한다.	자동차 수리업, 원예사, 조경사, 배관공, 경찰관, 목축업자, 전기 전자 기술자, 엔지니어, 건축업자 등
탐구형 (Investiga-tive)	호기심을 가지고 관찰하는 것을 좋아하며, 새로운 사실이나 이론을 밝혀 내는 것을 선호한다.	과학 계열 연구자, 과학 교사, 물리학자, 생물학자, 심리학자, 약제사, 지질학자, 치과 의사, 대학교수 등
예술형 (Artistic)	자유스러운 행동을 좋아하고 예술 작업에 참여하거나 즐기는 활동을 선호한다.	예술 관련 분야, 건축가, 리포터, 광고크리에이터, 요리사, 카피라이터, 시인 등
사회형 (Social)	다른 사람들과 협력하여 일하는 것을 좋아하고 어려운 처지에 있는 사람들을 돕고 봉사하는 것에 관심이 많다.	간호사, 상담가, 물리 치료사, 사회사업가, 성직자, 교사, 학원 강사, 레크레이션 강사, 보육 교사, 심리 치료사 등
진취형 (Enterpri-sing)	진취적인 자세로 다른 사람들을 이끌고 목표를 달성하는 데 강한 의지를 나타내는 유형이다. 리더십, 대인 관계, 설득력이 탁월하다.	아나운서, 변호사, 세일즈맨, 정치인, 경영자, 단체장, 각 분야의 책임자나 리더십을 발현하는 직업 등
사무형 (Conven-tional)	잘 짜인 조직이나 틀 안에서 일하길 선호하는 사람이다. 일을 할 때도 일의 목표와 절차가 명확하게 제시되었을 때 더 잘 해낸다.	공인회계사, 문서 작성 및 편집자, 사무 관리사, 세무회계 관련 분야, 은행원, 컴퓨터 프로그래머 등

나와 가장 가까운 직업 흥미 유형은 ________________ 이다.

이 유형의 특징에 따라 살펴본 직업은 ________________ 이다.

나만의 차별화된 강점은?

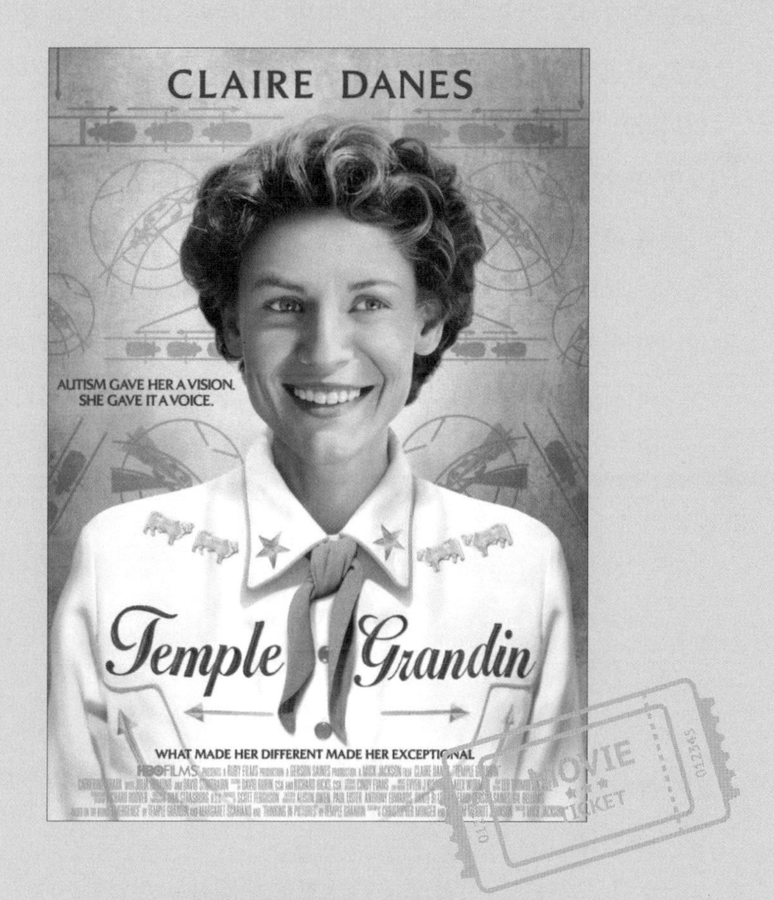

템플 그랜딘 Temple Grandin

드라마 | 2010년 | 전체 관람가 | 109분 | 믹 잭슨 감독 | 클레어 데인즈, 캐서린 오하라 출연

4살 때 자폐 진단을 받은 템플 그랜딘이 자신의 강점을 살려서 동물학자가 되는 과정을 그린 실화

자폐아에서 대학교수까지 템플 그랜딘의 놀라운 삶

사람은 누구나 자신만의 고유한 강점을 가지고 있다. 그런데 많은 청소년이 "저는 잘하는 것이 없어요."라고 한다. 남들 눈에 띌 만큼 특별한 재능이나 능력이 있어야 된다는 오해에서 이런 말을 한 것이다.

자세히 살펴보면 누구나 자신의 강점을 발견할 수 있다. 예를 들면 운동 경기를 보고 각 선수의 장단점을 찾아내거나 손으로 물건을 만들고 조작하는 것을 잘하는 사람이 있다. 친구들의 고민거리를 잘 들어주고 해결해 주는 것을 잘하는 사람도 있을 것이다. 뭔가 대단한 능력이 아니라고 여겼던 것들이 자신이 강점이 되는 것이다. 템플 그랜딘의 삶을 보면 일상생활에서 가진 강점이 얼마나 큰 위력을 발휘하는지 알 수 있다.

템플 그랜딘은 4살 때 자폐아 판정을 받았다. 의사는 템플을 자폐아 전문 병원으로 보내라고 했다. 그리고 앞으로 말을 하지 못할 것이라는 절망적인 이야기도 했다. 의사의 우려대로 그녀는 주변의 배척과 따돌림을 받으며 자랐다. 낯선 환경에 쉽게 적응하지 못해 어려움을 겪기도 했다. 하지만 그녀는 자신의 강점을 살려 공부하고 대학까지 졸업해 지금은 대학교수로 재직하고 있다. 자폐아에서 대학교수까지 탬플은 어떻게 인생을 역전했을까.

자기 강점으로 나아가는 것이 성공 비결

영화는 템플 그랜딘이라는 인물의 실화를 바탕으로 만들었다. 그녀는 2010년 미국 타임지 선정 세계에서 가장 영향력 있는 100인에 오르기도 한 인물이다.

탬플은 보는 것을 사진 찍듯이 정보를 수집하고 기억하는 능력을 지녔다. 사물을 그림으로 생각하며 연결시켜 인식하는 것이다. 동물과 교감하는 능력도 뛰어났다. 동물들이 필요로 하는 것이 무엇인지 직감으로 알아냈다. 이런 자신만의 강점이 자폐를 극복하고 비학대적인 가축 시설을 개조하는 설계자로 거듭나게 하면서 미국 가축 시절의 1/3을 설계하기도 했다. 보통 사람도 감히 하기 어려운 일을 자폐아 판정을 받은 템플이 해냈다는 사실이 놀라울 뿐이다.

거기다 템플은 동물들의 울음소리만으로도 동물이 원하는 게 무엇인지 느낄 수 있었다. 농장을 하는 이모 집에서 소를 유심히 관찰하다 소가 불안을 느낄 때면 몸을 꽉 조여 주는 곳으로 들어가 안정감을 누린다는 사실도 발견했다. 그 모습에서 착안해 몸의 조임 장치를 만들었다. 자신이 불안감을 느낄 때면 소처럼 조임 장치로 들어가 안정감을 되찾으려고 한 것이다.

템플은 동물이 자연에서 어떻게 움직이고 반응하는지도 잘 알 수 있었다. 자폐적인 성향이 오히려 소를 이해하는 데 도움이 된 것이다. 템플은 소의 울음소리만으로도 소들이 겁에 질려 있다는 것을 알았다. 그래서 석사 논문을 소 울음소리와 관련된 연구로 쓰려고 했다. 소들이 공포에 질렸을 때 어떻게 이동하는지를 파악해 가축 제어 시스템을 연구하려는 의도였다. 하지만 소를 사육하는 곳에서는 템플이 여자라는 이유로 무시했다. 자폐까지 있다는 것이 알려져 온갖 멸시와 냉대를 받았다. 그래도 템플은 포기하지 않고 끈질기게 따라다니며 소를 인도적인 방법으로 관리하고 도축할 수 있는 시스템을 만들어 냈다.

물론 템플에게는 포기하지 않는 도전 정신도 필요했다. 템플이 극복해야 하는 것은 자폐를 대하는 사회의 시선이었다. 하지만 그것보다 더 극복하기 힘들었던 것은 자신을 이겨 내는 것이었다. 자폐의 특성상 한꺼번에 많은 이야기를 듣고 이해하는 것은 힘들었다. 사람들의 말이 빨라 의사소통에 어려움을 겪었다. 사물을 인식하고 받아들이는 방법도 다른 사람들과 달랐다. 불안을 느낄 때면 조임 장치의 도움으로 스스로 안정을

영화의 모델인 템플 그랜딘이 열정적으로 강의하는 모습
템플 그랜딘의 포기하지 않는 도전 정신은 지금도 계속되고 있다.

취해야 했는데 사람들은 그것을 이해하지 못했다. 템플은 이런 어려움의 문을 하나씩 극복하면서 자신의 꿈을 이뤄 갔다.

그녀는 다른 사람보다 훨씬 힘든 길을 걷고 있었지만 오히려 노래로 다른 사람에게 용기를 북돋워 주었다. 노래 가사를 음미하며 그녀의 조언에 귀 기울여 보자.

'폭풍 속에서도 고개를 당당히 드세요. 어둠 속에서도 두려워하지 마세요. 폭풍이 지나고 나면 황금빛 하늘이 펼쳐지고 종달새의 아름다운 은빛 노래가 울려 퍼질 거예요. 바람을 헤치고 나가세요. 비를 뚫고 나아가세요. 당신의 꿈이 시련을 받을지라도 마음속에 희망을 품고 나아간다면 당신은 결코 혼자가 아닙니다. 결코 혼자가 아닙니다.'

강점 지능으로 선택한 직업이 만족도가 높다

사람은 모두 자기만의 특별한 재능이 존재한다. 이런 능력을 연구해 이론으로 정립한 사람이 바로 하버드대학교 교육학과 하워드 가드너 교수이다. 그가 주창한 것이 바로 '다중 지능 이론'이다. 하워드 가드너는 사람에게는 여덟 가지 지능이 잠재되어 있다고 말한다. 언어, 음악, 논리 수학, 공간, 신체 운동, 대인 관계, 자기 성찰, 자연 탐구이다.

사람이 가지는 강점 지능은 하나가 아니라 여러 가지를 동시에 가질 수도 있다고 한다. 또 강점 지능은 보완이 가능하단다. 템플이 자연 탐구와 공간 지능이 뛰어났지만 설계도를 그리는 과정에서 논리와 수학적인 능력을 키운 것처럼 필요에 의해 다른 능력을 발전시킬 수 있다는 것이다. 그러므로 직업을 선택할 때 강점 지능을 바탕으로 하면 실패할 확률이 줄어들고 직업에 대한 만족도도 높다.

'EBS 다큐 프라임– 아이의 사생활'에서도 이 문제를 자세히 소개한 적 있다. 이 프로그램에서는 직업에 대한 만족도가 높은 사람과 그렇지 않은 사람들의 다중 지능을 조사하고 그 이유를 밝혔다. 현재 직업에 만족하지 않는 사람들은 모두 다중 지능 검사 결과와 일치하지 않았다. 예를 들면 언어 지능과 관련된 영어 교사를 하고 있는 선생님은 검사 결과 자연 친화 지능이 강했다. 그는 실제로 수의사를 희망 직업으로 꼽았다. 영어 선생님보다 수의사를 했다면 훨씬 직업에 대한 만족도가 높았을 것이다. 직업에 만족도가 낮은 사람들은 대부분 자신의 적성보다는 부모의 의견에 따라 직업을 선택했다. 그 결과가 직업에 대한 낮은 만족도로 나타났다.

다중 지능으로 진로 살피기

성공한 사람들의 공통점은 자신이 잘할 수 있는 분야를 찾았다는 것이다. 자신이 하는 일을 좋아했고 자신이 걸어가는 길에 확신을 가졌다. 그리고 열정을 쏟아부은 결과가 성공으로 이어졌다. 그렇다면 내 적성을 어떻게 찾을 수 있을까. 다양한 방법이 있지만 하워드 가드너의 '다중 지능 이론'을 참고하는 것도 좋은 방법이다.

다중 지능 이론은 다양한 분야에서 재능을 나타낼 수 있는 지능들을 말한다. 직업 활동을 할 때 필요한 핵심 지능이 개개인마다 잠재되어 있다는 이론이다. 언어를 이해하고 활용하는 능력이 강한 언어 지능, 음악에 대한 이해와 감각이 탁월한 음악 지능, 운동 신경이 뛰어나거나 운동 능력이 좋은 신체 운동 지능, 숫자를 잘 활용하고 논리적인 사고를 잘하는 논리 수학 지능, 방향 감각과 이미지를 효과적으로 창출하는 공간 지능, 사람을 이해하고 관계를 잘 맺는 인간 친화 지능, 자아에 대한 이해도가 높은 자기 이해 지능 그리고 자연과 환경에 관심이 많고 그것을 연구하길 좋아하는 자연 탐구 지능이 있다는 것이다.

이렇게 8가지 다중 지능 이론을 활용하여 자기 내면에 숨겨진 강점이 무엇인지 발견한다면 직업 선택에도 많은 도움이 될 것이다.

강점 지능으로 직업 찾기

다음은 하워드 가드너의 다중 지능 이론을 정리한 내용이다. 여덟 가지 지능의 행동 특성을 살펴보고 자신 안에 있는 강점 지능은 무엇인지 찾아보자.

강점 지능	행동 특성	관련 직업
언어	말이나 글로 표현하는 활동을 잘한다. 남들에게 이야기를 들려주거나 토론 학습에 두각을 나타낸다.	언론인, 방송인, 아나운서, 쇼핑 호스트, 작가, 사서, 방송인, 기자, 언어학자, 연설가, 변호사, 영업 사원, 정치가, 학원 강사, 외교관, 성우, 번역가, 통역사, 문학 평론가, 방송 프로듀서, 판매원, 경영자 등
논리 수학	숫자와 관련된 활동을 잘하며 논리성을 요구하는 활동에 강하다. 숨겨진 의도나 규칙, 공통점을 잘 찾아내고 사물이 작동하는 원리를 파악하는 것도 뛰어나다.	대학교수, 연구원, 경찰, 전략가, 발명가, 엔지니어, 수학자, 물리학자, 과학자, 은행원, 컴퓨터 프로그래머, 생활 설계사, 공인 회계사, 회계 감사원, 탐정, 의사, 수학 교사, 과학 교사, 법조인 등
공간	색깔, 모양, 공간(방향 감각), 형태 등을 잘 파악할 수 있다. 처음 보는 지도나 도표라도 그 안에 내포된 의미를 빠르게 해석하며 평면도를 보고 입체화할 줄 안다.	파일럿, 컴퓨터 그래픽, 3D 애니메이션, 산업디자인, 조각가, 항해사, 디자이너, 엔지니어, 화가, 건축가, 설계사, 사진사, 파일럿, 코디네이터, 애니메이터, 공예가, 탐험가, 요리사, 치과 의사, 큐레이터, 서예가, 일러스트레이터 등
신체 운동	느낌을 몸으로 표현하고 활동하기를 좋아한다. 운동 신경이나 만들기, 춤추기, 흉내 내기 등에 뛰어난 능력을 보인다.	안무가, 무용가, 경찰, 검사, 보디가드, 엔지니어, 운동선수, 외과 의사, 공학자, 물리 치료사, 레크레이션 지도자, 배우, 보석 세공인, 군인, 스포츠 에이전트, 발레리나, 치어리더, 경호원, 뮤지컬 배우, 조각가, 도예가, 사회 체육 지도자, 정비 기술자, 카레이서, 파일럿, 마술사 등

강점 지능	행동 특성	관련 직업
인간 친화	타인의 감정을 잘 읽어 내고 사람들과 조화롭게 잘 지낸다. 인간 관계를 활용해 도움을 주고받는 능력이 탁월하다.	교사, 의사, 변호사, 검사, 상담원, 세일즈맨, 심리학자, 심리 치료사, 사업가, 외교관, 대통령, 아나운서, 리포터, 기자, 사회복지사, 승무원, 간호사, 비서, CEO, 영업 사원, 정치가, 종교 지도자(목사, 수녀, 선교사), 광고인 등
자기 이해	자신을 깊이 이해하고 타인의 마음을 편안하게 하는 능력이 뛰어나다. 어렵고 힘들어 하는 사람들을 보면 기꺼이 도와주려고 한다.	간호사, 호스피스, 여행 가이드, 스튜어디스, 호텔리어, 신학자, 심리학자, 작가(소설가), 발명가, 철학자, 정신 분석학자, 성직자, 작곡가, 기업가, 예술인, 심리 치료사, 심령술사, 역술인, 자기 인식 훈련 프로그램 지도자 등
자연 탐구	자연을 좋아하고 동물, 식물, 곤충들을 친근하게 여긴다. 환경 문제와 동식물에 대한 관심이 높아 관찰하고 연구하는 데 시간 가는 줄 모른다.	환경운동가, 여행가, 탐험가, 동물학자, 식물학자, 생물학자, 수의사, 농화학자, 조류학자, 천문학자, 고고학자, 한의사, 약사, 동물 조련사, 식물도감 제작자, 원예가, 약초 연구가, 화원 경영자, 생명 공학자, 동물원 관련 직종 등
음악	음악을 이해하는 능력이 뛰어나며 리듬이나 박자, 멜로디를 잘 기억한다. 악기를 다루기를 좋아하고 노래나 작곡, 편곡도 잘 한다.	음악가, 음악 치료사, 음향 기술자, 음악 평론가, 피아노 조율사, DJ, 가수, 댄서, 음반 제작자, 영화 음악 작곡가, 반주자, 음악 공연 연출가, 음악 콘텐츠를 다루는 비즈니스 영역 등

내가 찾은 강점 지능은 ____________, ____________, ____________이다.

그와 관련된 직업 영역에서 관심이 가는 직업은 __________, _________, 이다.

가슴 뛰는 나만의 비전 만들기

맨발의 꿈 A Barefoot Dream

드라마 | 2010년 | 전체 관람가 | 121분 | 김태균 감독 | 박희순, 고창석, 시미즈 케이 출연

맨발로 축구하는 아이들과 함께 동티모르의 축구 신화를 이뤄낸 축구 감독 김신환의 실화

시력은 있으되 비전이 없는 사람이 제일 불쌍하다

자신이 꿈을 이룬 모습을 마음의 눈으로 선명하게 바라보는 능력을 일컬어 비전Vision이라고 한다. 현실은 다르지만 마음속에서 이미 꿈을 이룬 모습을 상상하는 것이다. 또한 비전이 있는 사람은 그것을 이루기 위한 구체적인 계획까지 가지고 있다. 자신이 살아갈 인생에 대한 선명한 그림이 그려져 있는데 어찌 그것을 이루기 위한 계획이 없겠는가. 그런 사람은 누가 시키지 않아도 스스로 미래를 준비하고 계획할 것이다.

선명한 비전을 품고 있는 사람은 뭔가 다르다. 자신이 나아갈 길을 마음의 눈으로 명확하게 보고 있으니 현재에 충실하다. 어디로 가야 할지 알기에 불안해 하지도 않는다. 미래를 위해 현재 무엇을 해야 할지 구체적인 계획까지 수립되어 있으니 삶에 희망이 있다. 앞을 보지도 못하고 듣지도 못하고 말하지도 못하는 헬렌 켈러는 '시력은 있으되 비전이 없는 사람이 제일 불쌍하다.'고 했다.

영화의 주인공 원광은 한때 축구 선수였지만 이제 축구를 그만 두고 사업을 하기로 마음먹었다. 하지만 하는 사업마다 쓰디쓴 실패를 맛보았다. 무엇을 해야 할지 뚜렷하게 정해진 것이 없으니 삶에 희망도 없었다. 그렇게 방황하던 중 동티모르에 관한 뉴스를 보고 무작정 동티모르로 날아가 사업 아이템을 찾으려 했다. 하지만 사기를 당하면서 모든 희망을 잃은 원광은 귀국을 하려다 맨발로 축구를 하는 아이들을 보고 축구 용품을 팔아야겠다고 생각했다. 하지만 가난한 형편의 아이들이 물건을 살 수 없어서 결국 그 사업도 잘 되지 않았다. 그러다 내전으로 피폐해진 동티모르 아이들의 삶에 꿈을 심어 주고 싶어졌다. 자신도 뭔가 의미 있는 일을 하고 싶었던 것이다. 그렇게 동티모르에 희망을 심어 주고 자기 삶에 소망을 비추겠다는 선명한 비전을 품은 원광의 인생은 그때부터 기적 같은 일이 벌어진다.

맨발의 아이들을 바꾼 선명한 비전

〈맨발의 꿈〉은 동티모르에서 축구팀을 만들어 기적의 신화를 일군 실화를 담은 영화다. 동티모르는 역사적으로 아픔이 많은 곳이다. 포르투갈에게 450년 동안 식민 통치를 받았고 그 후 인도네시아의 침공으로 수십만 명이 목숨을 잃었다. 인도네시아로부터 겨우 독립했지만 여전히 사회적 갈등을 겪고 있다. 옆집 사람과 총격전을 벌일 정도로 불안한 삶을 살고 있다.

원광은 동티모르에서 사업이 실패하자 그곳 생활을 정리하고 귀국하려고 했다. 하지만 축구로 인생을 바꾸고 싶어 하는 라모스를 보고 다시 정착하기로 결심했다. 라모스에게 자신이 가진 재능으로 꿈을 심어 주고 싶었던 것이다. 축구화를 빌려 주며 하루에 1달러씩을 받았던 원광이 아이들에게 무보수로 축구를 가르쳐 주었다. 축구 선수가 되고 싶은 아이들을 돕고 내전으로 서로에게 깊은 상처를 안긴 그들의 삶을 변화시키고 싶

원광이 준 새 축구화를 보고 기뻐하는 아이들
아이들과 원광은 축구로 인생을 바꾸겠다는 희망과 꿈이 생겼다.

었다. 그래서 아이들에게 히로시마 국제 유소년 축구 대회에 출전을 권유했다. 이것은 사실 원광의 꿈이기도 했다. 뭐를 시작하면 끝을 본 적이 없었기에 이번만큼은 끝을 보고 싶었다. 비록 돈을 벌 수 있는 일은 아니지만 아이들의 꿈과 자기 삶의 승리를 위한 도전이었다.

뚜렷한 비전이 세워졌지만 넘어야 할 산은 많았다. 아이들은 여전히 서로에게 받은 상처가 해소되지 않았다. 대회가 열리는 히로시마로 가는 비행기 값도 없었다. 아이들과 마을 사람들이 힘을 합쳐 바자회를 열고 성금을 모으지만 돈은 턱없이 부족했다. 다행히 한국 대사관 직원인 인기의 노력으로 한 기업의 후원을 받아 간신히 국제 대회에 참가할 수 있었다.

대회에 참가했지만 아이들은 추운 날씨에 적응하지 못해 힘든 경기를 치렀다. 앙숙이었던 라모스와 모따비오는 경기 도중 싸울 만큼 사이가 좋지 않았다. 후반전이 시작될 즈음부터 동티모르에 라디오 중계까지 이어지지만 여전히 경기는 뒤져 있었다. 승리하기 위해서는 협력해야 된다는 사실을 깨달은 모따비오와 라모스가 극적으로 화해를 하자 경기 양상은 달라졌다. 찬스가 생겨도 패스조차 안했던 아이들이 적극적으로 패스를 주고받으며 경기의 흐름을 역전시켜 버렸다. 라디오에서 흘러나온 승리 소식은 동티모르 국민을 모두 거리로 뛰쳐나오게 했다. 첫 시합을 승리로 이끈 동티모르 팀은 예선 통과도 어렵다는 예측을 깨고 6전 전승으로 우승컵을 차지하는 기적을 연출했다.

맨발의 아이들을 변화시킬 수 있었던 것은 뚜렷한 꿈이었다. 여기서 말하는 아이들의 꿈은 비전과 더 가깝다. 꿈은 실현하고 싶은 희망이나 이상을 뜻하며 기한이 없는 막연한 바람을 뜻하기도 한다. 그러나 비전은 마음의 눈으로 선명하게 내다보는 구체적인 미래이기 때문에 언제까지 반드시 무엇을 할 것이라는 기한이 정해져 있다.

영화에는 나오지 않지만 원광의 실존 인물인 김신환 감독은 시합에 임할 때 아이들에게 이루어야 할 목표를 확실하게 제시했을 것이다. 아이들은 그 목표를 위해 혼신의 힘을 다해 달렸다. 훗날 프로 축구 선수가 되어서 가난한 환경을 벗어나겠다는 저마다의 뚜렷한 목표를 마음에 새겼다. 그런 힘이 첫 국제 대회 출전에서 우승까지 이르게 하는 원동력으로 작용했다.

영화는 끝이 났지만 김신환 감독은 여전히 동티모르에 남아 아이들을 지도하고 있다. 그들에게 김신환 감독은 우리나라의 2002년 한일 월드컵 신화를 이루어 준 히딩크 같은 존재였을 것이다.

아무런 희망이 없던 동티모르와 원광은 선명한 삶의 목표를 세운 후 달라졌다. 이것이 나아갈 미래를 선명하게 바라보고 전진하는 비전이 가진 힘이다.

뚜렷한 비전으로 성공을 이룬 사람들

일본 최고의 투자가이자 세계적인 IT 회사로 이름을 떨치고 있는 '소프트뱅크'의 회장 손정의는 비전을 실천한 사람이다. 그는 열아홉 살에 미래 비전을 설계하며 인생의 큰 그림을 그렸다. '인생 50년 계획'이라는 타이틀 아래 구체적으로 어떻게 사업가의 길을 걸어갈 것인지 구상했다.

20대에는 이름을 날린다.
30대에 최소한 1천억 엔의 자금을 마련한다.
40대에 사업에 승부를 건다.
50대에 사업을 완성한다.
60대에 다음 세대에 사업을 물려준다.

손정의는 대학을 입학하기도 전에 자신이 살아갈 미래를 꿰뚫어 보았다. 자신이 이루어야 할 일을 위해 지금 무엇을 준비해야 할지 마음으로 그렸다. 그리고 그 밑그림에 색을 칠하는 마음으로 인생을 살았더니 그의 인생 그림은 아주 멋지게 완성되었다. 그가 마음속으로 선명하게 바라본 비전이 그대로 펼쳐진 것이다.

김연아는 초등학교 1학년 때 국가 대표 선수가 되어 금메달을 따겠다는 비전을 품었다. 그때는 스케이트를 탈 수 있는 훈련장조차 제대로 없는 열악한 조건이었다. 여린 몸으로 점프를 하면서 수천 번의 엉덩방아를 찧어야 했다. 그래도 김연아는 마음속에 선명하게 그린 비전을 향해 전진했다. 그런 힘이 밑바탕이 되어 김연아는 2010년 밴쿠버 동계 올림픽에서 세계 신기록을 세우며 금메달을 목에 걸었다.

빌 게이츠는 '전 세계 가정에 개인용 컴퓨터를 보급하겠다.'는 비전이 있었다. 스티브 잡스는 '우주에 영향을 미칠 만큼 획기적인 컴퓨터를 만들 것이다.'라고 했다. 마틴 루터 킹 목사의 비전은 '흑인과 백인이 손잡고 나아가는 평등한 세상을 만드는 것'이었다. 이소룡은 '미국에서 최고의 출연료를 받는 슈퍼스타가 되는 것'이라고 했다. 이들의 비전은 우리가 알다시피 모두 이루어졌다. 이것이 비전이 가진 놀라운 능력이다.

여러분의 마음속에는 지금 5년, 10년, 20년 후의 모습이 선명하게 그려지는가? 어디서 무엇을 하며 살아갈 것인지 그림이 그려지지 않는다면 지금 반드시 그것을 찾도록 힘써야 한다.

가슴 뛰는 나만의 비전을 디자인하라

진로를 디자인하고 인생의 길을 걸어가는 데 가장 중요한 것은 자신이 어디로 가는지 목적지를 아는 것이다. 여러분이 소중히 여기는 가치를 바탕으로 만들어 가고 싶은 세상을 향해 나아가는 것이다. 자신이 하고 싶은 일을 하며 이 땅에서 이루어 나가야 할 궁극적인 삶의 목적을 달성하는 것이다. 그것을 이루기 위한 계획과 절차, 기한, 선명한 미래 모습을 마음속에 그리고 나아가는 사람을 일컬어 '비전의 사람'이라고 한다. 그리고 '비전 선언문'이라는 것이 있다. 비전 선언문을 자신이 가진 가치나 흥미, 강점 등을 생각하며 자신이 어떤 사람이며 원하는 인생이 무엇인지 살펴볼 수 있다. 비전 선언문의 가장 좋은 예로 마틴 루터 킹 목사의 'I Have a Dream(나에게는 꿈이 있습니다)'을 참조해 만들면 좋다. 여기서 Dream의 의미는 비전에 가깝다.

마틴 루터 킹 목사는 흑인 인권이 처참하게 짓밟힌 시절, 마음의 눈으로 훗날 자신의 소원이 이루어진 것을 명확히 떠올려 보았다. 그리고 그 소원을 간결한 문장으로 정리해 수많은 사람에게 연설해 소망을 불러 일으켰다. 그리고 그 소원들은 마침내 현실이 되었다.

마틴 루터 킹의 연설문

나에게는 꿈이 있습니다. 조지아의 붉은 언덕에서 노예의 후손들과 주인의 후손들이 형제처럼 손을 맞잡고 나란히 앉게 되는 꿈이 있습니다.

나에게는 꿈이 있습니다. 이글거리는 불의와 억압이 존재하는 미시시피 주가 자유와 정의의 오아시스가 되는 꿈이 있습니다.

비전 선언문 작성하기

여러분의 인생을 이끌어 갈 수 있는 삶의 목표와 목적 그리고 인생의 소중한 가치를 일목요연하게 정리해 비전 선언문으로 작성해 보자.

❶'나는 꿈이 있습니다.' 리스트에는 살아가면서 꼭 이루어 나아가야 할 사명을 적으면 된다. 예를 들어 상처받은 청소년이 낙오하지 않게 돕는 세상을 만들고 싶다면 그것을 바탕으로 자신의 상황에 맞게 고쳐서 비전 리스트를 만들면 된다.

- 예 나는 꿈이 있습니다. 청소년들에게 균형 잡힌 가치관과 삶의 목표가 분명하지 않는 사람들에게는 비전을 심어 주는 날이 올 것이라는 꿈이 있습니다.
- 예 나는 꿈이 있습니다. 상처받은 빈민 아동들도 교육의 혜택을 받을 수 있는 세상이 올 것이라는 꿈이 있습니다.
- 예 나는 꿈이 있습니다. 건강한 방송을 통해 많은 사람들에게 꿈과 희망을 전하는 날이 올 것이라는 꿈이 있습니다.
- 예 나는 꿈이 있습니다. 가난해서 의료 혜택을 받지 못하는 사람에게 도움을 줄 수 있는 날이 올 것이라는 꿈이 있습니다.

나는 꿈이 있습니다. ______________________________

____

____

____

날이 올 것이라는 꿈이 있습니다.

❷두 번째 리스트에는 그 사명을 감당하기 위해 해야 하는 역할을 구체적으로 적으면 된다. 여기에는 진로를 설계할 때 고려할 직업도 함께 넣어서 만들어야 한다. 최종적인 직업이나 원하는 직책을 적을 때는 언제, 어디에서, 무엇을 할 것인지, 구체적인 시간이나 목표 시기까지 적을 필요가 있다. 그래야 원하는 삶의 목적이 목표가 되어 삶 속에서 실천할 수 있는 의지가 생기기 때문이다.

예 나는 꿈이 있습니다. 2017년까지는 청소년 정신과 상담 전문의가 되어 학생 문제를 해결해 꿈을 품게 하는 날이 오리라는 꿈이 있습니다.

예 나는 꿈이 있습니다. 늦어도 2020년까지는 아나운서가 되어 5개 이상의 국민 방송 프로그램의 진행자가 되는 꿈이 있습니다.

예 나는 꿈이 있습니다. 2018년까지는 정형외과 전문의가 되어 아픈 사람을 치료하는 꿈이 있습니다.

예 나는 꿈이 있습니다. 2025년까지는 전문 경영인이 되어 세계를 주도하는 기업을 운영하는 꿈이 있습니다.

나는 꿈이 있습니다. ________________________________

____

____

____

____

❸세 번째 리스트는 첫 번째 리스트에서 다룬 사명을 두 번째에서 다룬 진로(직업)를 통해 구체적으로 하고 싶고, 해야 하는 일의 리스트를 적는 것이다. 구체적인 자신의 역할이나 정체성이 드러날 수 있도록 적어야

한다. 이 땅에서 구체적으로 하고 싶은 일, 해야 하는 일, 잘할 수 있는 일을 바탕으로 리스트를 적으면 된다.

예 나는 꿈이 있습니다. 늦어도 2025년에는 서울에 상담 센터를 세워 상처 받은 청소년들의 마음을 어루만지고 싶은 꿈이 있습니다.

예 나는 꿈이 있습니다. 2015년까지 대전에 '한결 청소년 문화 센터'와 '한결 장학 재단'을 설립하여 매년 30명 이상에게 장학금을 전달하겠다는 꿈이 있습니다.

나는 꿈이 있습니다. ____________________

____

____

____

____

❹네 번째 리스트에는 구체적인 삶의 태도를 적으면 좋다. '나는 꿈이 있습니다' 리스트를 이루기 위해 생활에서 꼭 갖추어야 할 태도를 적는 것이다. 학문을 탐구하는 데 갖추어야 할 태도는 무엇이며, 친구 관계에 대하여 자신은 어떻게 행동할 것인지 등이다. 이때 삶의 지표로 삼을 만한 리스트를 적어 보면 된다. 구체적으로 적을수록 그 목록을 이루어 가는 데 도움이 된다.

아래는 나의 비전 리스트의 일부이다. 이것을 바탕으로 적어도 무방하지만 자신의 처지와 비전에 필요한 덕목을 적어 보는 것이 더 효과적이다.

예 나의 꿈을 이루기 위해 다음과 같은 삶의 태도와 습관을 갖추도록 최선을 다할 것입니다. 삶의 본을 보이고, 정직하고 성실하게 임할 것입니다. 의문은 탐구하고 표정은 따뜻하게 할 것입니다. 감정에 흔들리지 않으며, 사랑하며 나누는 삶을 살 것입니다. 무엇보다 이 모든 일을 이루는 데 있어 하나님의 뜻을 잊지 않기 위해 힘쓸 것입니다.

구체적인 꿈의 목록 적어 보기

버킷 리스트 The Bucket List

드라마 | 2008년 | 12세 이상 관람가 | 96분 | 롭 라이너 감독 | 잭 니콜슨, 모건 프리먼 출연

시한부 삶을 선고 받은 카터와 에드워드가 버킷 리스트를 하나씩 실천하면서 인생의 참 의미를 발견해 나가는 이야기

내 인생을 바꿀 기회

살면서 자주 후회하는 순간이 찾아온다.

“그때 영어 단어만이라도 열심히 외워 두었다면 지금 영어를 잘할 수 있을 텐데.”

“그때 게임에 빠져서 지내지 않았더라면 이번 기말고사 성적을 좀 더 올릴 수 있었을 텐데.”

이렇게 ‘그때 ~을 했더라면 내 인생이 달라졌을 텐데.’ 하는 순간은 어릴 때뿐만 아니라 어른이 되어서도 찾아온다. 삶에 찌들어 살다가 정작 원하는 것을 해 볼 기회조차 놓치고 후회하는 일도 많다.

카터는 어린 시절 역사 교수가 되고 싶었다. 하지만 가족의 생계와 부양을 위해 자신의 꿈에 도전할 기회를 갖지 못했다. 스스로 삶의 방향을 바꿔 자동차 정비공으로 살아갔다. 에드워드의 삶도 다르지 않았다. 에드워드는 돈이 안 되는 일에는 관심조차 두지 않았다. 오직 돈을 벌고 사업체를 늘리기에 바빴다. 기업체의 인수 합병 외에는 원하는 것이 무엇인지 생각할 겨를이 없었다. 사업가로서는 성공했지만 인생의 진정한 의미와 자신이 정말 원하는 것이 무엇인지 모르고 살았다. 그런데 이들에게 시한부 선고가 내려졌다. 에드워드는 말기 암으로 6개월의 시간이 남았고, 카터는 뇌의 이상으로 남은 시간을 장담할 수조차 없었다.

병실에 함께 누워 있던 에드워드와 카터는 삶을 되돌아보며 죽기 전에 꼭 해 보고 싶은 것을 적어 보았다. 그리고 과감히 도전하기로 마음먹었다. 평생 이룰 수 없다고 생각한 것들을 목록을 적고 도전했더니 거짓말처럼 하나둘 이루어졌다.

이들의 인생을 보면 우리가 원하는 것은 막연한 생각으로 이루어지는 것이 아니라 구체적인 계획과 절차가 있어야 한다는 것을 알 수 있다. 막연하게 꿈꾸는 삶의 목표와 희망은 언제나 희망으로 그친다.

버킷 리스트로 자신이 원하는 인생을 살아가라

버킷 리스트bucket list는 중세 시대 때 사형수의 목에 밧줄을 감고 그가 발을 딛고 있는 양동이bucket를 없애기 전, 마지막으로 이루고 싶은 것이 무엇이냐고 묻는 것에서 유래되었다. 그만큼 간절하게 하고 싶은 것을 의미한다.

카터와 에드워드는 죽기 전에 꼭 하고 싶은 일들의 목록, 즉 버킷 리스트를 적을 때는 그것을 꼭 이루겠다는 생각이 아니었다. 단지 삶을 되돌아보며 해 보고 싶었지만 하지 못했던 일들에 대한 기억을 되살려보는 것뿐이었다.

늘 자신의 의지대로 살지 못했던 카터는 '모르는 사람 도와주기, 장엄한 장면 보기'와 같은 조금 추상적인 목록을 적었다. 돈을 벌기 위해 일생을 바쳤던 에드워드는 '세상에서 가장 아름다운 소녀와 키스하기, 스카이다이빙' 같은 활기 넘치는 것을 적었다. 죽음을 앞둔 사람들이 젊은이들도 감당해 내기 힘든 것들을 어떻게 이룰 수 있을지 잠시 걱정이 되기도 했다. 하지만 두 사람은 자신들이 평생 해 보고 싶은 일들을 이루기 위해 과감히 병실을 박차고 나갔다. 가족과 의사들의 반대에도 불구하고 더 이상 삶을 후회하지 않기 위해 떠난 것이다.

버킷 리스트를 하나하나 이루어 가던 카터는 다시 일상으로 돌아가야겠다고 마음먹었다. 자신이 하고 싶었던 일들을 실현해 가는 과정에서 가족의 소중함을 발견했기 때문이다. 그리고 에드워드에게 딸과 화해할 수 있는 기회를 주려고 했다. 에드워드는 혼자 힘으로 성공적인 삶을 살았다는 자부심 때문에 딸에게 쉽게 마음을 열지 못했다. 하지만 카터의 진심어린 조언에 용기를 내 딸에게 다가갔다. 그리고 '세상에서 가장 아름다운 소녀와 키스하기'라는 리스트에 적힌 소원을 이루었다. 그 소녀는 다름 아닌 손녀였다.

버킷 리스트 중 스카이다이빙에 도전하는 카터와 에드워드
죽음을 앞두고 몸도 아프지만 평생 해 보고 싶었던 소원을 이루기 위해 과감히 박차고 나갔다.

결과적으로 카터와 에드워드는 버킷 리스트에서 희망한 일을 모두 이루어 냈다. 그리고 중요한 것은 그들이 리스트에 적힌 목표를 하나하나 이루어 가면서 깨달은 인생에 대한 성찰들이다. 두 사람은 인생에서 가장 중요한 것은 사랑하는 가족이라는 것을 깨달았다. 카터는 자신의 꿈은 이루지 못했지만 사랑하는 아내가 있고 자녀들이 있어서 그래도 가치 있는 삶을 살았다고 확신했다. 에드워드는 원하는 부를 축적하고 마음껏 즐겼다. 하지만 그것보다 더 기쁘고 행복한 것은 사랑하는 딸과 화해하고 손녀를 안아 보는 것임을 깨달았다. 이 영화는 버킷 리스트에 적힌 목표를 이루어 가는 것보다 그 안에서 진정한 행복을 찾아가는 과정을 그린 영화다.

종이 위에 기록해야 이룰 수 있다

'적자생존'이라는 말이 있다. 여기서 이야기하는 적자생존이란 우리가 흔히 말하는 생물학적인 해석이 아니라 자기계발적인 해석을 의미한다. 즉, 목표를 글로 적는 사람이 생존하고 성공한다는 뜻이다.

미국의 명문 예일 대학교에서는 졸업생을 대상으로 한 가지를 조사했다. 인생의 분명한 목표와 그것을 이루어 나갈 구체적인 계획이 있는지 물어본 것이다. 그러자 13퍼센트의 학생이 분명한 꿈이 있다고 대답했다. 그중에서도 3퍼센트는 자신의 꿈을 글로 적어 두었다고 말했다.

20년이 지난 후 당시 질문에 참여했던 학생들이 어떻게 살고 있는지 조사했는데 결과는 놀라웠다. 인생의 분명한 목표가 있다고 대답한 10퍼센트의 학생은 중산층의 삶을 살았다. 자신의 꿈과 그것을 이룰 목표를 글로 적어둔 3퍼센트의 학생은 상류층의 삶을 살며 사회적 리더가 되었다. 더 놀라운 것은 3퍼센트의 재산이 나머지 97퍼센트 사람들의 재산보다 많았다. 막연하게 꿈이 있다고 대답한 60퍼센트는 서민층이었고, 아무런 꿈과 목표가 없다고 대답한 27퍼센트는 빈민층이 되었다. 이들은 모두 2014년 미국 대학 평가 3위를 차지한 예일 대학교 졸업생들이었다. 인생의 성공은 학벌에 있지 않고 분명한 꿈과 그것을 기록해 둔 것의 차이에 있었다.

스콧 애덤스는 어린 시절 만화가가 되고 싶었다. 그런데 그는 만화가가 되기는커녕 공장에서 일하는 직공이 되어 있었다. 그렇다고 스콧 애덤스의 마음속에서 만화가의 꿈이 사라진 것은 아니었다. 그는 만화가가 된 자신을 생각하며 '나는 신문에 만화를 연재하는 유명한 만화가가 될 것이다.'라는 글을 매일 15번씩 종이 위에 적었다. 그리고 몇 년 후 그의 만화는 전 세계 2천 종의 신문에 연재되었다. 만화가의 꿈을 이룬 후 스콧 애덤스는 '나는 퓰리처상을 받을 것이다.'라는 문구를 매일 적으며 꿈으로 한 걸음씩 전진해 가고 있다.

무명의 영화배우였던 이소룡도 자기 꿈을 글로 적었다.

"나는 앞으로 미국에서 최고의 출연료를 받는 슈퍼스타가 되겠다. 이 목표를 달성하기 위해 맡은 역할에 최선을 다하며 관중들에게 최고의 쿵푸를 선사하겠다. 1970년대에는 세계적인 액션 배우가 되고, 1980년대 말까지 백만장자가 되어 행복을 만끽하고 즐거운 생활을 할 것이다."

변변한 영화에도 출연하지 않는 무명의 배우가 쓴 글은 누가 봐도 허황된 꿈처럼 보였다. 하지만 그는 지금 세계 최고의 액션 배우라는 칭호를 듣는다. 이소룡이 친필로 작성한 꿈의 종이는 뉴욕 플래닛 할리우드 레스토랑에 소장되어 있다.

여러분이 원하는 분명한 꿈은 마음속에 품고만 있어도 목표를 이룰 수 있다. 하지만 더 확실한 것은 그 꿈을 글로 적어 매일 바라보고 입으로 선포하는 것이다. 앞서 보았던 '나는 꿈이 있습니다.'를 반드시 적어서 잘 보이는 곳에 두도록 하자.

꿈의 목록으로 일생의 목표를 디자인하라

버킷 리스트와 비슷한 성격을 지닌 '꿈의 목록'이라는 것이 있다. 자신이 하고 싶고, 원하고, 가지고 싶고, 가 보고 싶은 것들을 적은 목록을 말한다. 꿈의 목록만 잘 적어도 원하는 삶의 목표를 성취하는 데 도움이 된다.

1982년에 브라질에서 태어나 어렸을 때부터 축구를 잘하는 소년이 있었다. 그는 지역 유소년 축구팀을 거쳐 상파울로 FC의 스카우트 제의를 받을 정도로 촉망받는 선수로 자랐다. 그러나 18살이 되던 해에 수영장에서 사고로 척추 골절상을 당했다. 회복 가능성이 2퍼센트 미만으로 더 이상 선수 생활을 할 수 없다는 충격적인 진단을 받았다. 하지만 그는 병실에 누워 자기 인생의 로드 맵을 그리며 꼭 이루어야 할 인생의 목표를 글로 적었다. '다시 축구 선수의 길을 걷고, 쌍파울로 클럽의 프로팀 1군에 합류하고, 브라질 대회에 참가해 선발 선수가 되고, 브라질 국가 대표와 월드컵, 세계 명문 클럽에서 축구를 한다.'는 것이었다. 당시 사람들은 몸도 가누지 못한 처지에 불가능한 꿈을 꾼다며 비아냥거렸다. 하지만 그는 피나는 재활 훈련을 거쳐 목록에 쓴 꿈을 모두 이루었다. 그 선수는 바로 세계적인 미남 축구 선수 히카르도 카카이다. 그는 브라질 국가 대표는 물론 AC밀란과 레알 마드리드에서 화려한 축구 선수의 길을 걷고 있었다.

존 고다드라는 사람은 열다섯 살에 '꿈의 목록Dream List'을 적었다고 한다. 그는 어느 날 할머니와 숙모가 서로 삶을 되돌아보며 '젊었을 때 ~을 했더라면' 하고 후회하는 것을 듣고는 자신도 아무런 준비 없이 지내다 보면 어느 순간에 '~을 했더라면'하고 후회할 것 같다고 생각했다.

존은 그 즉시 종이를 펼쳐 놓고 127가지 꿈을 적어 보았다. 어린 시절부터 유난히 탐험에 관심이 많아 그와 관련된 목록이 주를 이루었다. 그리고 꿈의 목록에 적힌 것들을 하나하나 체험하고 이뤄 나갔다. 그랬더니 127가지 꿈의 목록 중에 108가지를 이루었다. 존 고다드는 다시 꿈의 목록 500개를 적고 하나하나 이루며 나갔더니 지금은 세계에서 가장 유명한 탐험가, 인류학자, 다큐멘터리 제작자가 되었다. 작은 꿈의 목록들이 모여 큰 꿈을 이루게 된 것이다.

여러분도 자기 비전과 그것을 이루어 가기 위한 구체적인 꿈의 목록을 적어 보자. 아직까지 확실히 꿈을 정하지 않았다면 하고 싶고, 해 보고 싶고, 체험하고 싶고, 가지고 싶고, 가 보고 싶은 것들을 바탕으로 꿈의 목록을 적어 보자. 그리고 하나하나 시도하며 이루어 보자. 그러다 보면 어느 순간 꿈을 이룬 자신의 모습을 발견할 것이다.

나만의 진로 디자인

꿈의 목록을 만들고 하나하나 도전하자!

3장

꿈은 기초를 탄탄히 할 때 완성된다

독서로 희망 발견하기

책 도둑 The Book Thief

드라마 | 12세 이상 관람가 | 131분 | 브라이언 퍼시벌 감독 | 제프리 러시, 에밀리 왓슨 출연

가난 때문에 입양을 간 리젤이 전쟁의 소용돌이 속에서 글을 배우고 책을 읽으며 희망을 놓지 않고 스스로 성장하는 이야기

독서가 목숨을 지켜 준다고?

독서가 삶을 변화시키는 최고의 수단이라는 말을 대부분 공감할 것이다. 실제로 책을 읽고 인생을 바꾸었다는 이야기를 들어 본 사람이 많을 것이다. 하지만 현실은 다르다. 특히 청소년들은 독서보다 당장 눈앞에 닥친 시험 성적을 올리는 것이 더 중요하다. 책을 읽을 시간에 영어 단어 하나 더 외우고, 수학 문제 하나라도 더 푸는 게 중요하다고 여긴다. 성적이 뛰어나면 굳이 책을 읽지 않아도 원하는 목표를 이룰 수 있다고 생각하기 때문이다. 또 독서보다 더 재미있는 것들이 많아지기도 했다. 독서는 스마트폰이나 게임에 밀려 다음 순위가 되어 버렸다. 그러다 보니 책을 읽으라는 소리는 잔소리로 여기거나 으레 하는 말 정도로 생각하기 마련이다.

그러나 독서는 해도 되고 안 해도 되는 것이 아니다. 내 삶을 변화시키려면 독서는 반드시 필요하다. 독서는 마음과 생각의 양식을 채워 주고 목숨도 지킬 수 있게 해 준다. 다소 말도 안 되는 소리처럼 들릴지 모르지만 이 영화 〈책 도둑〉의 주인공 리젤의 삶을 보면 고개를 끄덕일지도 모른다.

리젤은 가난한 형편 때문에 동생과 함께 독일인 가정에 입양되었다. 안타깝게도 가는 길에 동생을 잃으면서 낯선 환경에 홀로 부딪치게 된다. 양어머니 로사의 냉대에 힘들고 불안한 생활이 계속되었다. 그나마 다정다감한 새아버지 한스가 있어 간신히 버텼지만 그것도 큰 위로가 되지 못했다. 학교에서는 글도 못 읽는다며 따돌림까지 당했다. 그때 리젤의 삶을 완전히 변화시켜 주는 일이 있었으니 바로 글을 배우고 책을 읽는 것이었다. 그것만이 리젤의 유일한 행복이었다.

죽음을 이겨 내고 삶의 희망을 안겨 준 책

어린 나이에 부모를 떠나 홀로 낯선 곳에서 살아야 한다는 것은 생각만 해도 끔찍한 일이다. 거기에 따돌림과 폭력까지 당한다면 살고 싶지 않다는 생각이 저절로 들 것이다. 그러다 보면 잘못된 선택을 하는 경우도 많다. 가출하거나 자퇴를 하기도 한다. 스스로 방법을 찾기보다 그곳을 벗어나면 문제가 쉽게 해결될 것이라는 생각 때문이다. 하지만 리젤은 여느 아이들과 다르게 이런 어려운 환경을 극복하며 나아갔다.

리젤이 앞으로 나아갈 수 있었던 것은 새아버지 한스의 영향이 컸다. 한스는 리젤에게 글을 가르쳐 주고 책 읽는 재미를 알게 해 주었다. 리젤도 글을 배우고 쓰는 것이 재미있었다. 책을 읽다가 모르는 단어가 나오면 지하실 벽에 단어를 쓰고 의미를 깨우쳤다. 그렇게 단어를 익히자 책도 재미있게 읽어 나갈 수 있었다.

리젤이 글을 배우고 익히는 동안 마을 광장에는 나치의 깃발이 휘날리고 모든 책을 모아 불사르는 일이 벌어진다. 분서갱유를 방불케 할 정도로 많은 책을 태웠다. 히틀러는 책을 없애고 국민을 장악해 전쟁을 벌이려고 했다. 책을 태우지 않으면 공산주의자로 몰려 잡혀갈지도 모르는 위험한 상황에서도 리젤은 불타고 있는 책 한 권을 주워 온다. 더 이상 읽을 책이 없었기 때문이다.

어느 날 리젤의 집에 막스가 몰래 숨어 들어왔다. 유태인인 막스는 잡혀갈까 봐 숨소리조차 낼 수도 없었다. 병까지 깊어졌지만 병원도 가지 못하고 꼼짝없이 죽게 되었다. 그때 리젤은 막스에게 책을 읽어 준다. 지하에만 갇혀 있던 막스에게 리젤의 낭독은 생명을 되찾을 수 있도록 이끌어 주었다. 그 보답으로 막스는 리젤에게 빈 노트를 주며 글을 써 보라고 했다. 리젤은 전쟁이 끝난 후에도 책을 쓰며 사람들의 영혼을 어루만져 주는 일을 했다.

더 이상 읽을 책이 없자 불에 타다 남은 책을 주워 오는 리젤
책은 한번 맛보면 도저히 헤어 나오지 못하는 마력이 숨겨져 있다.

리젤이 삶과 죽음의 갈림길에서 살아갈 수 있었던 이유는 책을 읽었기 때문이었다. 마을을 쑥대밭으로 만든 폭격에서도 살아남을 수 있었던 것은 지하실에서 글을 쓰고 있었기 때문이다. 암울한 상황에서 리젤은 책을 훔쳐서라도 삶의 끈을 놓지 않으려고 했다. 이 영화는 책이 인간성 회복은 물론 죽음을 이겨 내고 삶의 희망을 안겨 주는 중요한 도구가 된다는 것을 알려 준다.

책은 우리 삶에서 없어서는 안 될 도구이다. 세상의 모든 진보는 책으로 이루어지고 책으로 귀결된다고 해도 과언이 아니다. 사람들은 책으로 지식을 배우고 더 나은 지식의 산물을 책으로 남긴다. 책에 인간의 역사와 삶이 고스란히 담겨 있다. 영국의 시인 윌리엄 워즈워스는 "책 한 권 한 권이 하나의 세계다."라고 말한다. 하나의 세계가 책 한 권에 오롯이 담겨 있단다. 다만 그것을 읽는 사람만이 소중한 보물을 찾게 된다.

아픈 막스에게 책을 읽어 주는 리젤
리젤은 암울한 상황에서도 책을 통해 삶의 끈을 놓지 않았다.

왜 책을 읽어야 할까?

책을 읽으면 좋은 점이 많지만 그중에서도 으뜸인 것은 의식의 변화이다. 책을 통해 다양한 인물과 지식을 만나 그들의 장점을 받아들여 더 나은 생각으로 업그레이드된다. 지금까지 익숙한 사고에서 새롭고 성숙한 사고로 전환이 일어난다. 흔히 알고 있는 성공 법칙도 생각에서 시작된다는 것을 알 수 있다.

> 생각을 조심하라. 생각은 말이 된다.
> 말을 조심하라. 말은 행동이 된다.
> 행동을 조심하라. 행동은 습관이 된다.
> 습관을 조심하라. 습관은 인격이 된다.
> 인격을 조심하라. 인격은 운명이 된다.

위 글은 생각이 인생을 바꾸는 시작점이 된다는 것을 알게 한다. 운명의 열쇠를 쥐고 있는 생각은 독서를 통해 깊어지고 넓어진다. 다른 어떤 도구보다 힘이 있다. 세계적인 기업가이자 부자인 빌 게이츠는 "지금의 나를 키운 것은 동네 도서관이었다."라며 독서가 자신의 삶을 변화시켰다고 말한다. 애플의 신화를 창조한 스티브 잡스는 인문학 책을 열심히 읽었다. 에디슨이 위대한 상상력으로 발명가가 될 수 있었던 것은 독서에서 비롯되었다.

리젤뿐만 아니라 진로를 디자인하며 나아가는 여러분의 삶에서도 책은 삶의 희망이 될 수 있다. 책을 가까이 해야 환경을 극복하고 새로운 삶으로 전환할 수 있다. 지식 습득은 물론 나아갈 길을 여는 열쇠가 곧 책이다. 여러분은 지금 얼마나 책을 읽고 있는가? 그 척도가 미래를 가늠케 한다.

책을 잘 읽는 방법

독서는 크든 작든 삶에 영향을 준다. 꼭 성공적인 삶을 위해서가 아니더라도 내 삶의 변화를 위해 독서는 꼭 필요하다. 물론 쉽지는 않을 것이다. 신문이나 잡지, 가벼운 동화책이라도 읽는 연습을 해야 한다. 게임에 관심이 있으면 게임과 관련된 책을 읽어 보는 것도 괜찮다. 게임의 역사라든지 게임과 관련된 신문 기사도 찾아 읽다 보면 또 다른 재미를 발견할 수 있을 것이다. 연예인에 관심이 많으면 연예인을 좋아하는 것에 그치지 말고 그들과 관련된 책을 찾아 읽어 보는 것도 좋다.

독서는 묘한 마력이 있다. 한번 그 맛을 들이면 좀처럼 벗어날 수 없다. 리젤이 글자를 배우고 책 읽는 재미를 알게 되자 책을 훔쳐서라도 읽게 된 것과 같은 이치다. 그런데 그 맛을 느낄 수 있는 단계까지 올라가는 것이 관건이다.

도저히 책 한 권도 읽기 힘들다면 어떻게 해야 할까? 그래서 책을 잘 읽을 수 있는 기술을 터득하는 것이 중요하다. 읽기 능력을 향상시킬 수 있는 몇 가지 방법을 소개하려고 하니 책을 읽을 때 활용해 보자.

어휘력을 높이는 훈련을 할 필요가 있다. 어휘력이 부족하면 글을 이해하기 힘들다. 단어의 뜻을 모르는데 어떻게 문장을 이해할 수 있으며 전체 글의 내용을 알 수 있겠는가. 글을 읽는다는 것은 작가가 전하고자 하는 메시지를 읽어 내는 행위이다. 작가가 사용한 어휘의 의미를 모르면 정확한 메시지를 파악할 수 없다. 전문가의 말에 따르면 글 속에서 모르는 낱말이 70퍼센트 이상이면 그 글을 정확하게 이해할 수 없다고 한다. 그러니 글을 읽다가 모르는 낱말이 나오면 반드시 낱말의 뜻을 찾아보고 그 의미를 파악한 후 글을 읽어야 한다.

질문하면서 읽는 것도 좋은 방법이다. 질문은 내용에 대한 궁금증을 가지게 한다. 궁금증을 가져야 호기심이 생기고 글을 이해하기 위해 적극적인 노력을 하게 된다. 대부분 읽기 능력이 부족한 사람은 글을 읽으면서도 궁금한 것이 없다. 무엇이 궁금한지 모르기 때문이다. 그러다 보니 습관적으로 생각을 하지 않고 글 자체만 읽어 나간다. 이제는 글을 읽을 때 질문을 던지며 읽어 보자. "등장인물들은 왜 그런 말과 행동을 했을까? 다음에 어떤 일이 일어날까? 일이 이렇게 된 까닭은 무엇일까? 내가 지금 제대로 읽고 있을까?" 이런 질문을 하다 보면 궁금증이 생기고 책 내용에 집중하게 된다. 질문은 책 내용을 파악하는 데 도움이 되고 글을 폭넓게 이해하는 데 도움을 준다.

그 외에도 소리 내어 읽거나 메모하면서 읽는 것도 도움이 된다. 자신의 읽기 능력에 따라 방법을 달리해 보자. 그래야 책을 읽을 때 글쓴이가 전하려는 의도를 찾고 핵심 메시지를 파악해 자신의 것으로 삼을 수 있다. 그것이 삶에 적용될 때 비로소 꿈을 이루는 밑거름이 된다.

나만의 진로 디자인

책 읽는 연습을 하자. 신문, 잡지, 동화책이라도!

타인을 이해하는 능력 기르기

그랜 토리노 Gran Torino

범죄, 드라마 | 2009년 | 12세 이상 관람가 | 116분 | 클린트 이스트우드 감독 | 클린트 이스트우드, 크리스토퍼 칼리, 비 뱅 출연

전쟁 참전 후유증으로 마음을 닫고 살던 월트가 타오 가족의 친절 속에서 마음을 열어 가는 따뜻한 이야기

말처럼 쉽지 않은 친구 관계

친구 관계 문제로 한 번쯤 고민해 본 적이 있을 것이다. 이러지도 저러지도 못해 쩔쩔매다 관계가 걷잡을 수 없이 틀어져서 힘들어 할 때가 있다. 나의 의도와는 전혀 다른 방향으로 흘러가 버려 난감한 처지에 놓일 때도 생긴다. 답답한 관계를 풀어갈 뚜렷한 방법이 있으면 좋겠지만 '이것이다.'라고 정답을 내놓기도 힘든 것이 사람 사이의 관계인 것 같다. 하지만 어려운 문제라고 그냥 방치해 둘 수도 없다. 우리는 좋든 싫든 관계 속에서 살아가야 한다.

청소년 때는 친구 관계가 가장 큰 비중을 차지한다. 친구 때문에 웃고, 화내고, 아프기도 한다. 친구와 함께 세상 무엇과도 바꿀 수 없는 소중한 추억을 쌓기도 한다. 그런데 친구들과 관계를 이어가는 게 말처럼 쉽지 않다. 특히 요즘 청소년들은 사람을 직접 만나 소통하는 것보다 소셜 네트워크에 익숙하다. 눈을 맞추고 대화하는 것보다 자신을 드러내지 않고 소통하는 것을 더 편안하게 생각한다. 그러다 보니 사람을 만나면 어떻게 상대를 대하고 나를 드러내야 하는지 잘 모른다. 그렇다고 나를 드러내지 않고 살아갈 수도 없다. 무인도처럼 혼자만 살 수도 없으니 제대로 관계를 맺는 방법을 어떻게든 알아가고 배워야 한다. 대인 관계만 잘 다져 놓아도 인생의 어려운 문제를 원만하게 해결해 나갈 수 있다. 반대로 주변 사람들과 관계가 원활하지 않으면 혼자 고립되어 힘든 삶을 살아가게 된다. 〈그랜 토리노〉에 등장한 주인공의 삶을 보면 이해가 갈 것이다.

월트의 닫힌 마음을 여는 열쇠는 진심

월트는 한국 전쟁에 참전한 후유증으로 다른 사람과 관계를 맺으며 살아가는 것을 힘들어 했다. 전쟁 때 저지른 잘못에 연연하면서 삶의 기쁨과 만족을 모르고 살아왔다. 남들에게 쉽게 마음을 열지 못하고 고집불통으로 살다 보니 두 아들과의 관계도 원만하지 못했다.

어긋난 관계를 회복한다는 것은 무척 어렵다. 어디서부터 답을 찾아가야 할지 알기도 힘들다. 그렇다고 막무가내로 다가가면 오히려 상대방에게 상처를 입히기 일쑤다. 타오 가족이 월트에게 다가가는 과정이 그랬다. 월트에게 도움을 받은 타오 가족은 감사의 뜻으로 월트에게 선물을 전했지만 월트는 거부했다. 월트는 누구든 자신의 영역에 들어오는 것 자체를 싫어해 선물을 가지고 오는 것조차 반기지 않았다. 차갑게만 대하는 월트에게 타오 가족은 어떻게 해야 될지 몰랐다. 그럼에도 불구하고 타오 가족은 누군가에게 도움을 받으면 반드시 갚아야 한다는 전통에 따라 진심 어린 마음으로 월트에게 계속 다가갔다. 그리고 월트는 그들의 진심을 알아보았고 서서히 마음이 열리기 시작했다.

월트가 마음을 열게 된 것은 타오의 성실한 자세도 한몫했다. 자기 일이 아닌데도 최선을 다해 힘들게 집수리를 하는 타오의 성실하고 진실한 모습에 감동한 것이다. 그래서 월트는 지금까지 누구에게도 열어 주지 않던 그랜 토리노 차고를 개방했다. 그랜 토리노는 월트의 자존심과 같은 자동차였다.

월트는 타오가 자신만큼 다른 사람과 관계 맺는 것을 힘들다는 것을 알게 되었다. 타오는 좋아하는 여자 친구가 있어도 눈빛조차 마주치지 못했다. 돈이 없어서 학교도 다니지 못했다. 그렇다고 일자리 구할 생각도 하지 않았다. 타오는 베트남에서 미국인을 도왔다는 이유로 나라에서 쫓겨나고 갱들에게 협박을 받다 보니 자신이 쓸모없는 사람이라고 생각했다. 그 모습이 안타까워 월트는 타오가 사회생활을 할 수 있도록 도왔다. 자신이 생명처럼 아끼던 공구를 타오에게 빌려 주며 직접 다루는 기술까지 전수해 주었다. 그리고 사람들과 관계 맺는 방법을 가르쳐 주고 실습도 시켰다. 직장도 소개시켜 주며 스스로 세상에서 살아갈 길을 열어 주

타오 가족에게 서서히 마음을 열고 함께 어울리는 월트
닫힌 마음을 여는 열쇠는 언제나 진심이다. 그리고 상대방의 삶과 마음을 공감하는 것이다.

었다. 월트도 진심어린 마음으로 타오를 도운 것이다.

월트와 타오의 모습에서 우리는 관계를 맺는다는 것은 진심어린 마음에서부터 시작된다는 것을 알 수 있다. 얄팍한 지식보다, 그럴 듯한 백 마디 말보다 더 힘이 있는 것은 진심이다. 그리고 상대방의 삶과 마음을 공감하는 것이다. 공감은 다른 사람의 입장에서 생각하고 그 사람의 감정을 이해하는 능력이다. 무엇을 힘들어 하고 괴로워 하는지 살피고 진실한 마음으로 다가가는 것. 그럴 때 우리는 관계를 조금씩 좋게 발전시킬 수 있다.

행복한 삶은 인간관계에서 시작된다

미국 카네기 공과 대학에서는 졸업생을 대상으로 성공에 있어 가장 중요한 요소가 무엇인지 조사했다.

그 결과 15퍼센트가 전문적인 기술에 달려 있다고 답했다. 나머지 85퍼센트는 인간관계가 성공을 좌우한다고 말했다. 이 말을 증명이라도 하듯이 MIT 공과 대학을 나와 인포시크 등 IT 업체를 성공시킨 스티븐 케이시는 성공의 요인을 좋은 인간관계에서 찾았다.

"요즘 나에게 공학 기술과 인간관계 기술 가운데 한 가지만을 택하라면 나는 서슴지 않고 인간관계 기술을 선택할 것이다."

사업 현장에 뛰어들어 보니 정작 중요한 것은 인간관계였다는 것이다. 그렇다고 기술적인 부분이 전혀 필요치 않다는 것은 아니다. 중요도를 따졌을 때 기술보다는 인간관계가 더 큰 영향을 끼쳤다는 의미다.

사업적인 성공뿐만 아니라 행복한 삶도 인간관계에서 시작된다. 월트처럼 사람들과 원만한 관계를 맺지 못하면 하루하루 살아가기 힘들다. 주변 사람들과 소통할 수도, 가까이 할 수도 없다. 자기 속마음을 털어놓을 만한 친구조차 사귀기 힘들다. 카네기 연구소의 조사 결과에 의하면 일이 힘들어 직장을 그만두는 경우는 13퍼센트였다. 나머지 87퍼센트는 사람이 힘들어서 직장을 그만둔다고 했다. 일보다는 인간관계에 따른 어려움 때문에 직장을 그만두는 것이다.

지금 여러분은 주변 사람들과 어떤 관계를 맺고 있는가? 월트와 타오의 삶을 살피며 어떻게 주변 사람들과 관계를 맺어 나가야 하는지 생각해 보자.

타인을 이해하는 능력 기르기

첫째, 자신의 진실한 마음을 보여 주려 힘써야 한다. 콘크리트처럼 단단했던 월트 마음을 열 수 있었던 것은 타오의 진실한 마음이었다. 계산 없는 진실함이 닫혀 있던 월트의 마음의 빗장을 열게 했다. 진실은 그 어떤 것보다 힘이 있다. 진실한 마음은 사람의 마음을 움직이게 만드는 마력이 있다.

둘째, 대화할 때 말하기보다 듣기에 집중해야 한다. 인간관계에서 가장 중요한 것 중 하나가 대화이다. 많은 사람이 듣는 것보다 말하는 것을 더 중요하게 생각한다. 자신의 생각과 의도를 말로 전달하는 방법에 대해 고민한다. 하지만 진정한 대화는 듣는 것에서 출발한다. 내가 잘 듣고 상대방의 말에 공감해 주면 상대방은 자신이 인정받고 있다고 생각한다. 그러다 보면 자기 속마음에 담긴 이야기도 꺼내게 되고 자연스레 좋은 관계로 이어진다.

셋째, 상대방의 장점에 집중하는 것도 중요하다. 모든 사람은 장점과 단점을 가지고 있다. 어떤 면을 볼 것인지는 자신의 결정에 따라 달라진다. 장점을 보고 칭찬하다 보면 더 좋은 점이 많이 보인다. 반대로 단점을 보고 상대방을 비판하다 보면 그 사람을 만나지 말아야 할 이유만 생긴다. 그러면 원만한 관계를 해치기 마련이다.

나만의 진로 디자인

늘 진실한 마음으로 상대방의 이야기를 잘 듣고
그 사람의 장점에 집중하자!

도전 정신으로 나아가기

쿨 러닝 Cool Runnings

코미디, 어드벤처 | 1994년 | 전체 관람가 | 98분 | 존 터틀타웁 감독 | 리온, 더그 E. 더그, 롤 D. 루이스 출연

얼음 하나 얻기도 쉽지 않은 자메이카에서 청년들이 동계 스포츠 봅슬레이에 도전하는 과정을 유쾌하게 그린 감동 실화

엉뚱한 도전 정신이 필요할 때

요즘은 안정적인 직업을 선호하는 분위기다. 실제로 청소년들의 희망 직업 1위는 공무원이다. 대학생들이 공무원 시험을 준비하는 비율도 예전에 비하면 상상을 초월할 정도로 많다. 두 명 중 한 명 꼴로 공무원 시험을 준비할 정도이다. 국영수 위주의 입시 교육에 길들여 있고, 직업을 돈을 버는 수단으로만 여기는 사회 분위기의 영향이 큰 탓이다. 도전하지 않는 사회의 미래는 밝을 수 없다. 지금은 창조적인 사고로 무장해야 살아남을 수 있는 시대이다.

〈쿨 러닝〉은 '엉뚱한 도전 정신'으로 무장된 청년들의 유쾌한 이야기가 담겨 있다. 열대의 나라 자메이카에서 동계 올림픽 종목 봅슬레이에 출전하겠다는 것이다. 그들은 봅슬레이가 자세하게 어떤 종목인지도 모르고 연습할 장소조차 없는 곳에서 무모한 도전을 감행했다. 그들의 엉뚱함에 사람들은 비웃었다. 하지만 네 명의 청년들은 주변의 시선과 염려에도 불구하고 자신들이 원하는 꿈에 과감히 도전해 나갔고 결국 놀라운 결과를 거두었다. 이 영화는 실제 1988년 캐나다 동계 올림픽에 출전한 자메이카 팀의 이야기를 바탕으로 만들어졌다. 그래서 더 의미 있게 다가온다.

자신만의 방식대로 생각하고 행동하기

뭔가를 시작하려면 그에 따른 여건이나 최소한의 장비라도 있어야 가능하다. 도전할 만한 준비가 어느 정도 되어 있어야 의욕도 생기고 효율성도 생긴다. 아무것도 없는 상태라면 도전하는 과정이 얼마나 어려울지 저절로 그림이 그려진다. 그야말로 '맨 땅에 헤딩하기' 같은 상황이 아닐까. 무모하게 동계 올림픽에 도전하겠다는 자메이카 팀이 딱 이와 같은 상황이었다.

얼음 하나 없는 뜨거운 열대 나라에서 겨울 스포츠에 도전한다고 생각

언덕에서 봅슬레이를 연습하는 데리스와 선수들
꿈을 이루기 위해서 때로는 무모한 도전이 필요할 때가 있다.

해 보라. 또 봅슬레이는 어떤 종목인가. 썰매를 타고 눈과 얼음으로 만든 트랙을 활주하는 경기이다. 그런데 이들은 얼음 트랙은 고사하고 봅슬레이조차 없는 상황에서 동계 올림픽에 나가겠다고 했다. 사람들의 비웃음을 사기에 충분했다. 그럼에도 불구하고 이들이 무모한 도전을 감행한 이유는 무엇일까. 네 명의 선수들은 저마다 마음속에 꿈이 있었다. 그 꿈을 이루기 위해 도전을 감행한 것이다.

동계 올림픽에 출전하겠다고 주도한 데리스는 자메이카에서 최고의 단거리 선수였다. 데리스는 100미터 달리기 올림픽에 출전해 메달을 목에 걸고 싶었다. 하지만 최종 예선에서 옆 선수에게 걸려 넘어지면서 꿈이 무산되고 말았다. 데리스는 하계 올림픽 출전이 좌절되자 동계 올림픽이라도 도전해 메달을 따고 싶었다.

쌍카는 자메이카 최고의 무동력 자동차 선수였다. 봅슬레이와 비슷한 경기 방식이라 데리스가 함께 하자고 권유해 출전하게 되었다. 율은 올림픽을 통해 유명세를 타고 마음속에 간직한 집을 짓고 싶다는 생각에 출전하기로 결심했다. 주니어는 다른 세 사람과 비교했을 때 가장 집안 환경이 좋았다. 아직 어리지만 승용차도 있고, 아버지의 주선으로 미국 최고의 회사에 취직도 할 수 있게 되었다. 대부분의 사람들은 "아버지 뜻대로 하지 뭐하러 어려운 일에 도전하지?"하고 의문을 던질 수도 있을 것이다. 누군가 자신의 앞길을 열어 주고 경제력까지 뒷받침해 준다면 더 이상 바랄 것이 없으니 말이다. 하지만 주니어는 아버지가 원하는 인생이 아니라 진짜 자신이 원하는 인생을 살고 싶어서 아버지의 뜻을 거역했다.

굳건한 마음으로 뭉친 네 명의 청년들은 막상 연습을 시작했지만 어느 것 하나 제대로 된 것이 없었다. 그래도 그들의 도전은 여전히 활기찼다. 얼음이 없으면 언덕 위에서 연습을 하고 추위에 강해지기 위해 냉장고 속으로도 들어갔다. 정부에서는 세계적인 웃음거리가 될 것이라는 판단에 아무런 경제적 지원을 해 주지 않았지만 그들은 포기하지 않았다.

하지만 얼음 위에서 한 번도 봅슬레이를 타 보지 못한 이들은 첫 경기부터 웃음거리가 되고 만다. 예선을 통과해야 본선 출전 자격이 주어지지만 경기력도 쉽게 발전되지 않았다. 조급한 마음에 데리스는 세계 정상급 선수들을 따라하다 결국 경기를 망치고 말았다. 그 모습을 보고 쌍카는 이렇게 말했다.

"우리는 자메이카 인이야. 그들을 쫓아갈 필요 없이 우리 식대로 말하고, 우리 식대로 생각하고, 우리 식대로 당당하게 나아가면 돼."

뭔가에 도전하려면 다른 사람을 따라 하기보다 자신만의 고유한 방식으로 접근하는 것이 좋다. 그럴 때 잘못된 점을 발견할 수 있고 보완도 할 수 있다. 그 과정에서 자신감이 생겨 할 수 있다는 의지가 생긴다.

그들은 '쿨 러닝'을 외치며 다시 얼음 위를 질주했다. 쿨 러닝은 '무사히 경기를 마치기를'이라는 뜻으로, 아직 서툴지만 용기를 가지고 나가겠다는 의지의 표현이었다.

결국 그들의 의지는 세계를 놀라게 할 만한 성적을 냈다. 낡은 봅슬레이 때문에 끝내 메달은 따지 못했지만 그들의 도전과 열정에 선수와 응원단, 자메이카 가족들과 그들을 조롱했던 사람 모두가 환호성을 보냈다. 하지만 그들의 도전은 끝나지 않았다. 1992년 프랑스 동계 올림픽에서 그들은 다른 나라와 동등한 자격으로 다시 올림픽에 출전했다.

엉뚱하더라도 도전하고 시도해 보자

아무도 가지 않는 길에 도전한다는 것은 쉬운 일이 아니다. 보고 배울 수 있는 것도 없다. 혼자 힘으로 문제를 해결하며 앞으로 나아가야 하기 때문에 외로운 길이 될 수도 있다. 하지만 도전이 성공했을 때 성취감은 상상 이상이다. 사람들이 가장 많이 후회하는 것도 '자신이 원하는 삶을 살지 못한 것'이라고 하지 않았는가. 그러기에 엉뚱하더라도 도전하고 시도해 볼 필요가 있다.

놀라운 발견은 도전하고 시도할 때 찾아온다. 처음 비행기가 만들어진 과정을 상상해 보자. 새도 아니고 사람이 하늘을 날겠다고 도전하는 모습을 본 사람들은 어떻게 생각했을까. 아마 그 시간에 일을 해 돈이나 더 벌라고 했을지도 모른다. 든든한 후원자가 있으면 모를까 생업을 뒤로하고 비행기를 만드는 것은 쉬운 일이 아니었다. 하지만 라이트 형제는 자신들의 마음속에 있는 꿈을 이루기 위해 도전하고 시도했다. 그리고 하늘을 날 수 있었다.

1년 안에 클립을 집 한 채로 바꾸겠다는 엉뚱한 생각을 한 사람이 있었다. 캐나다의 청년 카일 맥도널드는 책상 서랍 속에서 빨간 클립을 발견하고는 클립을 이보다 더 좋은 물건으로 바꾸겠다고 다짐했다. 황당한 생각 같지만 그는 진지하게 클립 한 개와 물건을 맞교환한다는 글을 블로그에 올려 두었다. 그러자 곧바로 물고기 모양의 펜과 바꾸겠다는 사람이 나타나고 펜은 수제품 도어 손잡이로 바뀌 나갔다. 이런 식으로 그는 14번의 물물 교환을 하며 1년 만에 캐나다에 2층짜리 집을 갖게 되었다. 그 소식은 블로그를 통해 전 세계로 전해졌고 책으로도 소개되었다. 그는 한 언론과 인터뷰에서 이렇게 말했다.

"어디선가 들어본 듯한, 누구나 다 아는 듯한 아이디어도 다시 꺼내 적용해 보면 새로운 인생을 만들 수 있어요. 그리고 무엇보다 중요한 건 그것을 해 보는 거죠."

도전하고 시도해 보겠다는 자세가 작은 클립 하나로 집을 얻는 결과를 낳았다. 시도해 보지도 않고 미리 포기하지 말고, 죽이 되든 밥이 되든 한번 도전하겠다는 자세가 필요하다. 그런 마음이 새로운 길을 열고 창조적인 인생을 살게 한다.

창의적인 인재로 성장하려면

미국 경영 협회는 500대 기업 총수들을 상대로 질문을 던졌다.

"21세기에 살아남을 수 있는 최고의 경쟁력은 무엇입니까?"

기업 총수들 대다수가 "창의력과 새로운 창조력입니다."라고 답했다. 기업에서는 창의력을 갖춘 창조적인 인재가 필요하다는 말이다. 실제로 우리 나라 교육은 미래 사회가 요구하는 창의적인 인재 육성을 목표로 하고 있다. 하지만 창의력은 단기간에 기를 수 있는 것이 아니다. 그렇다면 일상 생활에서 가장 쉽게 실천할 수 있는 방법이 있을까.

우선 인문학 책을 읽기를 추천한다. 스티브 잡스도 책을 열심히 읽었다고 한다. 인문학은 'a=b이다.'와 같은 정답을 제시하지 않는다. 독자가 스스로 책을 읽으면서 수많은 질문을 던지며 답을 찾아가야 한다. 그 과정에서 다양한 방법으로 저자가 전하려는 메시지를 발견하려는 사고를 하게 된다. 자신만의 독특한 해석이 곧 정답이 될 수 있고 그것은 창의적인 사고로 연결된다.

호기심을 갖는 것도 필요하다. 호기심은 질문으로부터 시작된다. 아인슈타인은 '빛의 속도로 날아가면 세상이 어떻게 보일까?'라는 질문으로 상대성 이론을 만들어 냈다. 왜, 만약에, 이 방법밖에 없는가, 왜 아닌가' 하는 질문을 끊임없이 던지는 훈련이 필요하다.

당연한 것을 당연하게 여기지 않는 생각도 중요하다. 당연하다고 생각하는 것은 고정 관념이다. 고정 관념이 깨져야 새로운 것들이 보이게 된다. 당연한 것을 비틀어 보고 뒤집어 보고 바꾸어 보다 보면 다른 생각들이 떠오를 것이다.

머릿속에 떠오른 생각이나 아이디어를 과감하게 실천도 해 보자. 시도하고 도전해 봐야 그것이 되는 일인지 아닌지 알 수 있다. 주변에서 뭐라고 하던지 신념을 가지고 나아갈 용기가 필요하다. 세상의 모든 새로운 발견은 그렇게 만들어졌다. 세계적인 문학가인 괴테는 "할 수 있고, 꿈꿀 수 있는 것이라면 뭐든지 시작하라. 대담함에는 천재성과 힘 그리고 마법이 숨어 있으니. 바로 지금 시작하라!"라고 말했다. 여러분도 지금 바로 시작하라!

나만의 진로 디자인

1. 인문학 책을 읽자.
2. 호기심을 갖고 고정 관념을 없애자.
3. 지금 바로 시작하자!

자신을 이끌어 줄 멘토 만나기

코치 카터 Coach Carter

드라마 | 2005년 | 15세 이상 관람가 | 136분 | 토머스 카터 감독 | 사무엘 L. 잭슨, 아샨티, 레이 베이커, 롭 브라운 출연

사고뭉치 농구 선수들에게 승리보다 더 소중한 인생의 가치들을 가르치고 이끌어 주는 진정한 스승에 대한 이야기

암울한 아이들의 삶에 희망을 선물한 코치 카터

스스로 진로를 결정하지 못하고 고민할 때 '누군가 나의 특성을 잘 알고 이끌어 주었으면 좋겠다.'는 생각을 해 본 적 있을 것이다. 무작정 길을 정해 주는 것이 아니라, 스스로 좋아하는 것을 찾고 그것을 이룰 수 있도록 도와주는 사람 말이다. 때로는 곁길로 가거나 나태할 때 충고도 해 주고, 다시 일어설 수 있는 힘을 주었으면 하는 바람도 있다.

영화 〈코치 카터〉 속 리치몬드 고등학교 농구 팀의 코치 카터는 이런 바람대로 아이들을 이끌어 주었다. 날마다 문제를 일으키는 아이들을 진심 어린 마음으로 다독이고 때로는 강하게 밀어붙였다. 하지만 그 과정은 순탄치 않았다. 지금까지 살면서 습득한 개개인이 가진 특성과 습관 때문이다. 지역적인 특성도 한몫했다. 그들이 사는 곳은 범죄가 끊이지 않는 곳이었다. 학교의 졸업률이 절반도 되지 않았다. 대학에 진학하는 학생들도 6퍼센트 정도였다. 나머지 학생들은 길거리에서 총에 맞아 죽거나 감옥에 갔다. 카터는 그런 아이들을 끝까지 포기하지 않고 인생에서도 성공할 수 있도록 도왔다.

나를 잘 알고 이끌어 줄 사람이 있다면

많은 사람이 특별한 재능 한 가지만 제대로 갖추면 꿈을 이룰 수 있다고 생각한다. 하지만 꿈은 실력만 갖춘다고 해서 이루어지는 것이 아니다. 실력뿐만 아니라 그에 걸맞은 인격과 생활 태도까지 함께해야 좋은 모습으로 변화된다. 카터는 자신의 인생 경험을 통해 그것을 알고 있었다. 자신과 학창 시절에 함께한 실력 있는 선수들이 방탕하게 살다가 감옥에 가거나 죽임을 당했다. 카터는 리치몬드 농구 팀 아이들에게는 그런 삶을 살게 하고 싶지 않았다. 단지 농구 실력을 향상시켜 경기를 이기는 것뿐만 아니라 아이들 스스로 인생을 다스려 대학도 진학하고 성공적인 삶을 살도록 해 주고 싶었다. 그래서 첫 만남부터 계약서를 내밀었다. 성적은 평점 2.3 이상 유지하고 수업 시간에는 맨 앞줄에 앉아야 한다. 시합 날에는 양복을 입어야 하고 지각하거나 태도가 나쁠 때는 그에 따른 벌칙을 받아야 한다. 그것을 지키겠다는 아이들만 농구를 할 수 있었다.

아이들은 마지못해 계약서에 사인하고 카터가 이끄는 대로 훈련을 받았다. 카터의 가르침이 마음에 들지 않았지만 경기에서 승리하는 횟수가 많아지자 서서히 마음을 열었다. 하지만 아이들은 지금까지 살아온 삶을 한꺼번에 바꾸지 못했다. 툭하면 싸우고 수업을 빼먹기 일쑤였다. 성적도 카터가 원하는 만큼 나오지 않았다. 그래도 아이들은 당당했다. 농구 실력만큼은 뛰어나 경기마다 거의 승리를 거두고 있었기 때문이다. 그러자 카터는 농구장을 폐쇄해 버렸다. 경기에서 승리해도 그것은 잠깐의 기쁨만 가져다줄 뿐이지 진정한 삶의 변화는 가져다주지 못할 것이라는 생각에서였다.

아이들은 물론 학부모까지 카터의 행동을 이해하지 못했다. 농구만 잘하면 그만이라는 생각이 대부분이었다. 지역 사회에서도 승리하는 리치몬드 아이들의 모습만 보고 싶을 뿐 그들의 성적과 태도에는 관심이 없었다. 하지만 카터는 코치직을 박탈당하는 위험 속에서도 자신의 주장을 굽히지 않았다. 그제서야 아이들은 카터의 진심을 이해했다. 그리고 서서히 아이들이 변하기 시작했다. 아이들은 농구 실력뿐만 아니라 학업 태도와 성적까지 향상시키기 위해 혼신의 힘을 다했다. 그러자 도저히 변하지 않을 것 같은 아이들이 변하기 시작하고 처음 계약서에 정한 규정도 모두 지키게 되었다.

아이들은 카터가 제시한 계약서의 규정대로만 하면 모든 일이 술술 풀릴 줄 알았다. 하지만 주 대회 첫 시합에서 패배의 쓴 잔을 마시고 말았다. 의기소침한 아이들을 다독이고 용기를 불어넣은 것 또한 카터의 몫이

도서관에서 공부하고 있는 농구 선수들
카터는 아이들의 삶을 변화시키기 위해 농구 실력뿐만 아니라 학업 성적과 인성까지 겸비해야 한다고 가르친다.

었다. 카터는 아이들이 자랑스럽다고 말하며 다시 팀을 맡게 되어도 리치몬드를 선택할 것이라고 말했다. 그러자 아이들은 다시 한 번 일어설 힘을 얻고 자신감을 가지며 나아갔다.

우리의 삶 역시 꿈을 명확히 하고 단단히 준비하면 인생이 술술 풀릴 것이라 생각한다. 하지만 인생은 그렇게 대본대로 흘러가지 않는다. 수없이 지치고 실패하고 좌절하는 일이 반복된다. 그때마다 어떻게 대응하며 앞으로 나가는지가 중요하다. 자신의 삶을 다스리는 힘이 부족하면 원하는 대로 일이 풀리지 않을 때마다 낙심하고 포기하게 된다. 그래서 청소년 시기부터 삶의 태도를 훈련하는 것이 필요하다.

실화를 바탕으로 한 이 영화는 이후 아이들의 진로에 대해 들려주기도 한다. 6명 중 5명이 체육 장학생으로 대학에 진학했다. 그중에는 명문 대학교에 진학한 학생도 있었다. 사고뭉치로 감옥에 갈 뻔한 아이들이 카터를 만나 성공적인 삶으로 변화된 것이다.

나를 이끌어 줄 멘토가 필요해

우리의 삶은 만남의 연속이다. 매 순간 다른 사람을 만나 배우며 성장해 간다. 특히 자신의 진로를 고민하는 청소년 때 자신을 제대로 파악하고 이끌어 줄 멘토를 만난다면 꿈에 한 걸음 더 다가갈 수 있다. 박지성은 히딩크 감독을 만난 후부터 급성장했다. 무명에 가까운 박지성을 발탁해 국가 대표로 이끌었고 2002년 한일 월드컵에서 4강 신화의 주역이 되도록 기회를 주었다. 유럽 명문 축구 클럽으로 박지성을 스카우트해 간 것도 히딩크 감독이었다. 그 뒤로 박지성은 맨체스터 유나이티드라는 세계적인 축구 클럽의 주전 선수가 되어 승승장구했다. 박지성이 있기까지는 히딩크 감독이라는 인물이 있었기에 가능했다.

보지도 듣지도 말하지도 못했던 헬렌 켈러가 교육학자가 되고 사회 복지사가 될 수 있었던 것은 앤 설리번의 영향이 컸다. 앤은 들짐승같이 막무가내인 헬렌 켈러를 사랑으로 가르쳤다. 단어 하나를 깨우치는 데 수백 번을 반복해야 했다. 보지도 듣지도 말하지도 못하는 사람에게 단어 하나를 이해시키는 것은 쉬운 일이 아니다. 그럼에도 불구하고 앤은 헬렌 켈러와 평생을 같이하며 그녀를 가르쳤다. 헬렌 켈러는 자신이 만약 눈을 떠 앞을 볼 수 있다면 가장 먼저 보고 싶은 사람을 부모가 아닌 앤 설리번 선생님이라고 말할 정도였다. 그만큼 자신을 헌신적으로 가르쳐 원하는 대로 인생을 살 수 있도록 해 주었기에 마음에서 존경이 우러나온 것이다.

여러분도 자신을 이끌어 주고 가르쳐 줄 멘토를 만나는 것이 무엇보다 중요하다. 멘토를 통해 인생에서 중요한 것을 배우고 진로와 관련된 공부도 체계적으로 할 수 있다. 자신이 원하는 직업이나 삶의 목표를 이룬 사람을 만나면 시행착오를 줄이고 노하우를 전수받을 수도 있다.

직접 만날 수는 없지만 삶의 롤 모델이 될 만한 사람을 선정하고 그 사람을 닮아가도록 노력하는 것도 필요하다. '헤럴드'라는 기업의 회장 홍정욱이 미국 유학을 성공적으로 마무리할 수 있었던 이유는 존 F. 케네디를 롤 모델로 삼았기에 가능했다. 홍정욱이 입학하고 싶었던 곳은 케네디가 다녔던 고등학교였다. 그 학교를 입학하기 위해 치열하게 노력했고 그것이 밑거름이 되어 하버드 대학교를 수석 졸업하는 영광까지 얻게 되었다. 이 모든 것이 자신의 삶을 이끌어 줄 멘토와 롤 모델이 있었기에 가능했다.

내 삶을 이끌어 줄 멘토와 롤 모델을 만나는 법

내 삶을 이끌어 줄 멘토는 가만히 앉아서 만날 수는 없다. 어느 누가 가만히 있는 여러분에게 찾아와 "내가 너의 멘토가 되어 줄게. 너는 나만 믿고 따라와."라고 말할까. 그래서 멘토를 만나려면 직접 찾아 나서야 한다. 나의 꿈과 비전을 이루고, 삶의 궁극적인 목적까지 이루는 데 도움이 될 수 있는 사람을 찾아가 멘토가 되어 달라고 부탁해야 한다. 청소년 시기는 아직 뭔가를 보여 줄 수 있는 것이 없다. 그래서 자신의 꿈과 가능성으로 승부를 걸어야 한다. 그러려면 분명한 삶의 목적과 비전이 확고해야 한다.

내 삶을 이끌어 줄 멘토는 내가 하고 싶고 이루고 싶은 일과 관련된 인물을 만나는 것이 중요하다. 또한 멘토를 만날 때 꼭 기억해야 할 부분이 있다. 단순히 뛰어난 업적뿐만 아니라 그가 가진 가치나 인격까지 바람직한 인물을 만나야 한다. 주변에 긍정적인 영향을 끼치는 사람을 만나야지 그렇지 않으면 오히려 만나지 않은 것만 못하다.

가치와 업적, 삶까지 배우고 싶은 멘토가 선정되었다면 먼저 그 사람에 대해 공부할 필요가 있다. 저서나 칼럼, 뉴스까지 읽어 보고 다시 한 번 점검하고 꼭 만나고 싶다면 편지나 메일을 보내 보자. 물론 편지나 메일을 보낼 때는 진정성을 보여야 한다. 내가 '이루고 싶은 꿈에 도우미가 되어 주세요.'라는 마음으로 접근하는 것은 바람직하지 못하다. 왜 나의 멘토가 되어 줘야 하는지, 무엇을 배우고 싶은지, 배운 것을 바탕으로 어떤 삶을 살고 싶은지 등을 명확하게 밝혀야지 만날 수 있는 확률이 높다. 한 번 만나는 것으로 끝나지 않고 지속적인 만남을 이어가려면 부단한 노력과 인품이 뒷받침되어야 가능하다. 그러니 평소에 생각하고 말하고 행동하는 것들을 잘 갈고 닦아야 한다.

롤 모델은 책을 통해서도 얼마든지 만날 수 있다. 삼류 대학이었던 시카고 대학이 명문 대학으로 발돋움할 수 있었던 것도 인문고전을 읽으며 롤 모델을 발견하고 그들의 가치를 마음에 되새기며 살아갔기에 가능했다. 롤 모델은 본받을 만한 인물의 저서에서 전하는 메시지를 삶의 본보기로 삼아 나도 그와 같은 삶을 살아가겠다고 다짐하면 된다. 그렇게 하려면 롤 모델의 생애, 업적, 사상, 영향력 등을 꼼꼼히 살펴 내 삶에 적용해야 할 것들을 일목요연하게 정리해야 한다. 글로 정리해서 적어 두면 더 효과적이다. 그리고 그 사람처럼 되려고 꾸준히 실천하고 노력한다면 자신이 원하는 삶에 한걸음 나아갈 수 있을 것이다.

나만의 진로 디자인

만나고 싶은 멘토에게 편지나 이메일을 보내자.

글쓰기는 힘이 세다

프리덤 라이터스 Freedom Writers

드라마 | 2007년 | 15세 이상 관람가 | 122분 | 리차드 라그라브네스 감독 | 힐러리 스웽크, 패트릭 뎀시 출연

차별과 폭력으로 얼룩진 아이들이 글쓰기로 스스로 치유하고 삶의 희망을 얻는 감동 이야기

글쓰기는 여러모로 힘이 세다

글이 가지는 힘은 매우 다양하다. 친한 친구에게 속마음을 전달할 때 말보다 진심이 담긴 편지 한 장이 효과가 크다는 것을 한 번쯤 경험해 보았을 것이다. 글쓰기는 대학 입시에 도움이 된다. 논술을 잘하면 자신의 성적으로 갈 수 있는 대학보다 상위권을 노릴 수 있는 기회가 주어진다. 자기 소개서도 입시에서 필수적인 요소가 되었다. 글로 자신의 노력과 활동을 얼마나 잘 드러내는지에 따라 당락이 결정된다.

사회생활에서도 글쓰기 능력은 필요하다. 실제 기업에서 필요로 하는 인재 중 가장 중요한 척도는 의사소통 능력이다. 기획서나 업무 결과를 글로 논리 정연하게 정리할 수 있는 능력 말이다.

글은 자신의 아픈 상처를 치유하는 데도 도움이 된다. 자기 내면에 숨겨져 있는 아픈 삶의 흔적들을 글로 표현하기만 해도 치유되는 효과가 있다고 한다. 영화 〈프리덤 라이터스〉에 나온 아이들이 그렇다. 아이들이 다니는 윌슨 고등학교가 위치한 캘리포니아 롱비치 지역은 삶이 곧 전쟁터였다. 아이들은 가정 폭력에 시달리고 갱단들의 위협으로 등 하굣길에도 총을 들고 다녀야 했다. 자신을 지키기 위해서 어쩔 수 없이 상대를 위협하고 제압해야 하는 환경에서 살아야만 했다.

실화를 바탕으로 만든 〈프리덤 라이터스〉는 글쓰기가 내면의 상처를 치유하고 삶을 변화시키는 놀라운 효과를 가진다는 것을 알려 준다.

글쓰기로 삶을 변화시켜 나간 아이들

23살의 초임 고등학교 교사 에린 그루웰은 로스쿨을 그만두고 교사가 되었다. 아이들을 사랑하는 마음이 로스쿨 대신 에린을 교단으로 이끌었던 것이다. 그런데 그녀가 처음 부임해 간 곳은 하루하루를 절망 속에 살아가는 지역의 고등학교였다. 흑인, 동양계, 라틴계 등 다양한 인종들이 모여 사는 곳이라 차별과 폭력이 끊이지 않았다. 아이들은 피부색으로 이미 삶의 질이 결정이 된다고 여겼다. 백인이 아닌 사람은 어딜 가든 존중받지 못한다고 생각했다. 스스로를 존중하지 않는 사람은 다른 사람도 존중하지 못하고 상처를 주기 마련이다. 에린은 그런 아이들을 어떻게든 변화시켜 보려 노력하지만 쉽지 않았다. 동료 선생님들마저 부질없는 행동이라고 말렸다. 그들은 아이들에게는 변화를 기대하기보다 복종이나 규칙을 가르치는 것이 더 잘 어울린다고 생각했다. 에린은 첫 부임지부터 너무 큰 벽을 만난 것이다.

그럼에도 불구하고 에린은 끊임없이 아이들을 위해 애썼다. 그중 하나가 자유로운 글쓰기였다. 학생들에게 노트를 한 권씩 나누어 주면서 자신이 하고 싶은 이야기를 써 보라고 한다. 아무런 제약이나 조건도 없었다. 자신에게 하고 싶은 이야기나 자기 삶의 과거, 현재의 이야기, 앞으로 일어났으면 좋을 미래의 일까지 아무거나 쓰고 싶은 것을 써 보라고 했다. 다만 일기처럼 매일 써야 한다고 말했다. 그리고 선생님이 읽기를 원하면 다른 캐비닛에 넣어 두라고 했다.

에린은 글쓰기를 제안했지만 별 기대를 하지 않았다. 과제를 할 아이들이 없을 거라고 여기고 무심코 캐비닛을 열었다가 깜짝 놀랐다. 예상을 깨고 많은 아이들이 자기 삶을 글로 적었던 것이다. 속마음을 꼭꼭 닫아 두었던 아이들은 어쩌면 자신들의 이야기에 귀 기울여 들어줄 사람을 간절히 찾고 있었던 것이 아닐까. 답답하고 가슴 아픈 현실을 누군가에게 털어놓고 싶었던 것 같다.

에린은 아이들의 글을 읽으며 충격을 받았다. 솔직하게 가감없이 글로 써 놓은 아이들의 삶은 그야말로 비참했다. 아버지에게 매일 폭력을 당하는 어머니를 보면서도 자신이 엄마를 위해 아무것도 해 줄 수 없다는 것에 대한 무기력과 공포, 분노를 느끼거나 매일 총에 맞아 죽어 가는 친구들을 보며 자란 아이들이 대부분이었다.

서로 마음을 닫고 살아가던 아이들은 서서히 마음의 문을 열고 친구들의 이야기에 관심을 갖기 시작했다. 어떤 아이는 노트에 적은 자기 삶의 이야기를 아이들 앞에서 읽어 내려갔다. 집을 빼앗기고 돈이 없어서 작년에 입던 옷과 신발을 신고 머리도 제때 깎지 못한 사연은 친구들의 마음을 울렸다. 하지만 그 아이는 이제는 그런 일들이 인생의 문젯거리가 되지 않는다고 고백했다. 에린 그루웰 선생님이 글쓰기로 자신의 삶에 희망을 찾아주었기 때문이란다. 그러자 많은 아이가 공감하며 눈물을 흘렸다. 그때부터 아이들은 서로를 이해하고 공감하고 감싸 주기 시작하며 변화의 물결이 일기 시작했다.

졸업하는 것을 기적으로 여기던 아이들 중에는 고등학교를 졸업하고 대학에 진학해 교수가 되기도 했다. 에린 그루웰 선생님처럼 자유로운 글쓰기로 자신과 같은 처지에 있는 후배들의 삶을 변화시키는 일을 하는 아

자기의 삶을 쓰고 발표하는 아이들
아이들 스스로 서로를 이해하면서 마음을 여는 계기가 된다.

이들도 생겨나기 시작했다. 이 모든 것이 아이들의 가슴 아픈 이야기를 글쓰기라는 도구로 치유하고 이해하고 공감하며 나아갔기에 가능했다. 도저히 변하지 않을 것 같은 아이들의 삶이 글쓰기로 변화된 것이다.

아이들이 쓴 일기는 실제로 《프리덤 프라이스 다이어리The Freedom Writers Diary》라는 책으로 출간되었다. 이 책은 우리나라에서도 출간되어 많은 사람의 사랑을 받고 있다.

아동 문학가이자 우리말 연구가인 이오덕은 "아이들에게 글을 쓰게 하는 목적은 삶을 참되게 가꾸어 사람다운 사람이 되게 하는 데 있다."라고 말했다. 글로 삶을 참되게 가꾸어 인간적인 삶을 살도록 도울 수 있다는 이야기다. 에린 그루엘 역시 글이 가지는 힘을 알고 있었다. 그래서 글이 가지는 특성을 잘 활용해 아이들에게 다가간 것이다.

하버드 졸업생들도 글을 잘 쓰고 싶어 한다

스마트폰이 생긴 뒤로 대부분의 학생이 깊이 사고하는 것을 어려워한다. 그러다 보니 책 읽기와 글쓰기를 힘들어하는 학생이 점점 늘고 있다. 책을 읽으려면 긴 시간 집중력이 요구된다. 내용을 이해하고 분석하고 추론해 내려면 단순한 사고로는 불가능하다. 글쓰기는 더하다. 글쓰기는 종합적이고 창의적인 사고 능력이 필요하다. 그러다 보니 내면의 생각을 정제된 글로 표현한다는 것이 말처럼 쉽지 않다.

하버드 졸업생들을 대상으로 "여러분의 소원이 무엇인가요?"라는 질문을 던졌다. 세계 최고 권위를 자랑하는 대학을 졸업한 학생들답게 뭔가 거창한 답이 나올 거라 예상했다. 그런데 그들의 대답은 예상 외로 간단했다. 많은 학생이 한 치의 망설임 없이 "글을 좀 잘 썼으면 좋겠어요."

라고 대답했다. 하버드 졸업생도 글을 잘 쓰고 싶은 게 소원일 정도로 글 쓰는 것이 쉽지 않다는 것이다. 하버드뿐만 아니라 MIT 공대에서는 글 잘 쓰는 학생들이 졸업한 뒤에도 성공한 사례가 많다는 조사 결과를 발표했다. 그래서 MIT에서는 공대임에도 불구하고 글쓰기 수업에 많은 투자를 하고 있다. 글을 잘 써야 사회생활에서 생존 능력이 강해진다는 것을 알았기 때문이다. 이것을 보면 글 잘 쓰는 사람이 앞서간다는 말이 설득력 있게 다가온다.

우리나라에서도 여러 대학교에서 교양 필수 과목으로 글쓰기를 수업하는 곳이 많다. 한 대학에서는 자서전을 반드시 쓰게 해 스스로 삶을 돌아보고 나아갈 길을 열도록 이끌기도 한다. 자서전 쓰기는 스스로 자신을 성찰하면서 삶을 이해하는 데 가장 유용한 도구이기에 그런 수업을 개설한 것이다. 글쓰기 능력은 이제 선택이 아니라 필수 사항이다.

어떻게 하면 글을 잘 쓸 수 있을까?

잘 쓰고 싶은 마음은 굴뚝같지만 생각처럼 쉽지 않은 것이 글쓰기다. 그렇다고 '이렇게 써라.' 하고 단정 지어 구체적인 방법을 이야기하기도 어렵다. 그래도 삶에서 글을 쓰는 데 도움이 될 만한 몇 가지를 간추려 보려고 한다. 글을 잘 쓰려면 그만한 대가를 지불해야 된다는 생각으로 읽어 보자.

뻔한 이야기 같지만 책을 많이 읽어야 좋은 글을 쓸 수 있다. 좋은 글을 많이 읽으면 글의 전개와 구성 요소를 쉽게 파악할 수 있다. 그럴 때 '아 이렇게 쓰면 좋은 글이 되는구나.' 하는 생각이 든다. 그러면 나도 그와 비슷한 문체와 구성으로 따라 써 보면 의외로 쉽게 글쓰기 문제를 해결할 수 있다. 또한 배경지식이 쌓여 그만큼 쓸 거리를 많이 확보할 수 있는 장점이 있다. 좋은 재료가 많아야 어떤 요리를 만들려고 해도 걱정이 없다. 재료가 빈약하면 맛있는 요리를 만드는 데 힘들 수밖에 없다. 잘 읽는다는 것은 좋은 재료를 갖추는 하나의 과정이다.

생각의 물꼬를 트는 과정이 필요하다. 뭔가를 하고자 하는 마음이 있어야 잘할 수 있듯이, 글을 쓰고 싶다는 마음이 들 때 좋은 글을 쓸 수 있다. 글을 쓰고 싶다는 마음이 드는 것은 쓸거리가 생겼다는 말이다. 풀어낼 이야깃거리가 생겨 글로 쓰고 싶은 욕망이 끓고 있다는 것이다. 반면 글쓰기가 어렵다는 말은 쓸거리가 없다는 뜻이기도 하다. 쓸거리가 없으니 글쓰기에 대한 부담도 그만큼 크기 때문에 힘이 든다. 그래서 글을 잘 쓰고 싶다면 생각의 물꼬를 터서 내면에 저장된 경험과 지식을 쓸거리로 변환시키는 것이 중요하다. 그렇게 하려면 머릿속에 저장된 지식을 간추려 둘 필요가 있다. 컴퓨터에 저장할 때 파일별로 저장하는 것처럼 내면의 지식을 메모로 정리해 두면 글을 쓸 때 유용하게 활용할 수 있다. 소설이 아닌 글쓰기는 자료 활용이 많은 부분을 차지한다. 자료를 필요에 따라 잘 정리해 두면 그것을 활용해 글을 쓰는 데 많은 도움이 된다.

많이 써 보고 여러 번 고치는 수고를 기울여야 한다. 글을 많이 써 보아야 실력이 는다. 물론 매일 쓰면 더 효과적이다. 우리의 몸은 습관에 따라 움직이므로 매일 글을 쓰면 글쓰기에 적합하게 몸이 반응한다. 글쓰기는 별 다른 준비 없이 할 수 있으므로 자주 많이 써 보는 것이 좋다. 그런 의미에서 일기 쓰기는 글쓰기 습관을 들이는 데 유용하다. 단순히 오늘의 일과를 반성하는 의미를 넘어 다양한 장르의 글을 일기장에 적어 보는 것도 좋다. 그리고 여러 번 글을 고쳐야 좋은 글을 쓸 수 있다. 많은 사람들이 퇴고 습관을 기르지 않아 글쓰기 실력이 향상되지 않는다고 한다. 노벨 문학상을 받은 헤밍웨이는 《노인과 바다》를 200번을 넘게 고쳐 썼다고 한다. 수없이 고쳐 쓴 원고가 노벨상으로 이어진 것이다.

많이 읽고 많이 쓰고 좋은 글이 될 때까지 고치는 것, 이것이 글을 잘 쓰는 비결이다.

나만의 진로 디자인

많이 읽고, 많이 쓰고, 좋은 글이 될 때까지 고치자!

REC

4장

바람직한 직업 정신으로 무장하라

꼭 가져야 할 직업 윤리 생각하기

스테이트 오브 플레이 State of Play

미스터리, 스릴러 | 2009년 | 12세 이상 관람가 | 127분 | 케빈 맥도널드 감독 | 러셀 크로우, 벤 애플렉, 레이첼 맥아담스 출연

신문 기자가 상사의 회유와 권력의 압박, 우정 사이에서도 사건의 진실을 파헤치고 고발하는 저널리즘 이야기

직업 윤리는 왜 필요한가

모든 직업에는 공통적으로 지켜야 할 행동 규범과 각각의 직업에서 지켜야 할 세분화된 행동 규범이 있다. 이 두 가지를 합쳐서 '직업 윤리'라고 한다. 직업마다 특성에 따라 봉사 정신, 서비스 정신, 희생정신, 소명 의식, 책임 의식 등이 존재해 직업인으로서 의무를 가지도록 하는 것이다. 직업 윤리가 올바로 서 있어야 각 직업들이 굳건할 수 있고 우리는 그에 따라 생명을 보호받고 서비스를 누리며 안전하게 생활할 수 있다. 반대로 직업 윤리가 현장에서 올바로 실천되지 않으면 그에 따른 피해는 고스란히 우리의 몫이 된다.

지난 2015년 4월에 일어난 세월호 사고는 직업 윤리의 부재에서 생긴 것이라고 해도 과언이 아니다. 사고의 경위가 어떻게 되었든 선박의 선장이라면 끝까지 승객과 선원의 안전을 책임지고 지킬 의무가 있다. 자신을 희생하며 얼마나 많은 생명을 구했느냐를 따지는 게 아니다. 자신이 맡은 책임에 최선을 다했느냐 아니냐의 문제이다. 그런데 선장은 배를 버리고 제일 먼저 탈출했다. 선장의 의무를 제대로 이행하지 않은 결과는 말할 수 없을 정도로 비참하고 비통했다. 선장뿐만 아니라 관련된 여러 사람의 모습을 통해 직업 윤리가 사라지면 어떤 결과를 초래할 수 있는지 여실히 알 수 있는 사건이었다.

〈스테이트 오브 플레이〉에 등장한 주인공 기자는 자신의 직업 윤리를 지키려 끝까지 힘썼다. 직장 상사의 압박, 권력의 협박, 비리를 저지른 기업의 위협 등이 있었지만 그는 타협하지 않고 오직 시민들에게 진실을 알리는 것에 최선을 다했다. 이러한 주인공의 모습은 직업 윤리의 중요성을 실감하게 한다.

불의와 타협하지 않는 칼 기자의 직업 윤리

〈워싱턴 글로브〉 신문사의 베테랑 기자 칼 매카리프는 비 오는 날 뒷골목에서 벌어진 의문의 총격 사건을 취재했다. 그 사건이 터진 후 얼마 지나지 않아 친구인 스티븐 콜린스 의원이 속한 위원회의 조사관 소냐 베이커도 의문의 죽음을 당했다. 칼은 총격 사건을 취재하다가 그 사건이 소냐 베이커와 관련이 있다는 사실을 알게 되었다. 베테랑 기자의 예민한 감각으로 이 사건이 친구 스티븐과 연결되어 있다는 것도 직감했다.

칼은 사건의 진실을 파헤치기 위해 동분서주한다. 그런데 신문사에서는 사건의 내막에는 별 관심이 없었다. 스티븐 의원과 소냐 베이커의 염문설을 어떻게 연결시킬 것인가에만 초점을 맞추었다. 선정적인 뉴스를 실어야 신문의 판매를 올릴 수 있다는 생각 때문이었다. 신문사는 경영 실적 악화로 힘들게 운영되고 있었기에 판매 부수에 더 예민했다. 선정적인 뉴스만을 담당하는 기자도 있었다. 멋모르는 햇병아리 신입 기자 델라가 그 일을 맡았다. 델라는 편집장의 지시로 권력층 여성들의 가십을 전담했다. 편집장은 델라에게 칼에게 접근해 스티븐의 여자관계를 알아내라고 명령했다. 하지만 대쪽 같은 칼의 성격에 아무 정보도 얻지 못했다. 참다못한 편집장은 칼을 불러 스티븐의 여자관계를 기사로 만들라고 협박했지만 칼은 상사의 협박에도 아랑곳하지 않고 진실을 쫓아다녔다.

칼은 사건의 전모를 파헤치기 위해 소냐와 관련된 인물을 추적하다 거물 정치인을 만났다. 칼이 진실을 밝히기 위해 여러 가지를 캐물었지만 거물 정치인은 오히려 기사를 쓰지 말 것을 강요하고 압박했다. 기사를 낸다면 칼을 파면시키겠다는 협박까지 했지만 칼은 눈 하나 깜짝하지 않았다.

칼이 진실을 파헤치는 동안 다른 신문사들은 스티븐의 여자관계를 기사화해 많은 판매 부수를 올렸다. 대다수의 언론에서 모두 선정적인 뉴스

"기사의 품격보다 판매 부수를 더 중시해."
하지만 편집장의 온갖 협박과 회유 속에서도 칼은 스티븐의 범죄에 대한 취재를 멈추지 않았다.

만을 방송으로 내보냈다. 판매 부수를 올릴 절호의 기회를 놓쳐 버린 편집장은 거의 폭발 직전이었다. 경영진도 연일 편집장을 압박하며 기사를 내보내도록 했지만 칼은 여전히 사건의 진실을 파헤치고 있었다. 그리고 모든 사건이 스티븐 의원의 주도하에 이루어진 범행이라는 것을 밝혀냈다. 스티븐의 사주로 내연 관계에 있는 소냐를 죽게 하고 그것을 막기 위해 무고한 생명을 헤친 것이다.

진실이 들통 나자 스티븐은 우정을 들먹이며 이 사건을 기사로 쓰지 말 것을 사정했다. 그러면서 "기자의 쓸데없는 사명감을 독자들은 관심조차 없으니 이쯤에서 그만두라."고 말했다. 그러자 칼은 이렇게 대답했다.

"가십과 억측이 난무해도 진짜 기사는 알아 보는 법이지. 진실의 기록과 보도를 독자들은 반겨."

물론 스티븐의 말은 자신의 범죄를 숨기려는 의도를 깔고 있다. 하지만 이것은 기사를 바라보는 둘의 가치관 대립이 여실히 나타나는 대목이

홀로 사무실에서 묵묵히 기사를 쓰는 칼
실제로 기자들이 일하는 환경과 함께 칼의 직업 정신도 엿볼 수 있는 장면이다.

다. 칼은 스티븐의 경고와 살인의 협박에도 불구하고 끝까지 기사를 쓰고 특종을 완성했다.

영화는 우리가 생각하는 가장 이상적인 기자 상을 표현하고 있다. 진실을 파헤치기 위해서는 어떤 위험도 마다 않는 기자, 우정으로 감싸기보다는 부정을 고발하는 기자, 권력에 굴복하지 않고 과감히 맞서는 기자. 기자 정신으로 무장해 끝까지 임무를 완수하는 장면을 멋지게 그려 냈다. 이 영화는 또 사건을 밝혀 내는 과정에서 무고한 시민을 감금하고 녹음하는 비도덕적인 윤리도 함께 고발하고 있다. 나아가 독자들이 관심을 가지는 가십적이고 자극적인 기사로 판매 부수를 올리려는 경영진의 행태도 따끔하게 꼬집으며 진정한 직업 정신과 직업 윤리란 무엇인가에 대해 생각하게 한다.

직업 정신으로 무장한 어느 사진작가의 죽음

미국의 사진작가 로버트 랜스버그는 변화하는 화산의 모습을 촬영하고 있었다. 미국 시애틀 남부에 있는 세인트 헬렌 산의 화산이 폭발할 때는 정상에서 얼마 떨어지지 않은 곳에서 생생한 현장의 모습을 사진에 담았다. 그런데 사진 촬영 중 화산이 폭발하고 말았다. 예상보다 빨리 다가오는 화산재를 피할 수 없다는 생각에 그는 더 이상 도망쳐 숨으려고 하지 않고 그 자리에서 계속 사진을 찍었다. 그리고 카메라와 필름이 손상되지 않도록 배낭에 넣고 자기 몸으로 감싸 안았다.

사고가 난 후 17일이 지나서야 로버트의 시신이 발견되었다. 그의 품속에는 화산 폭발 과정이 생생하게 담겨 있는 필름이 있었다. 덕분에 그의 사진은 화산을 연구하는 과학자들에게 소중한 자료가 되었다. 화산 폭발의 의문점을 해결하는 데 큰 공헌을 한 것이다. 로버트의 사진은 사진집으로도 발간되어 많은 사람에게 화산 폭발 과정을 생생하게 전했다. 이 모든 것이 한 사람의 숭고한 직업 정신에서 시작된 것이다.

주변에서 직업 정신으로 무장한 사람들의 이야기는 마음을 울린다. 각 직업마다 고유한 직업 정신이 깃들어 있다. 그것을 지키며 나아갈 때 우리 사회는 발전하게 되고 안전하다. 개인의 행복도 자신이 가진 직업에서 지켜야 하는 직업 윤리와 정신을 온전히 실천할 때 보람과 만족감을 얻을 수 있다.

직업 윤리를 생각하며 진로를 디자인하라

모든 직업에는 직업 성격에 따른 직업 윤리가 깃들어 있다. 기자라면 칼과 같은 기자 정신도 필요하다. 어떤 협박과 위협에도 두려워하지 않고 자신의 역할을 충실히 이행하는 것 말이다. 이것은 직업인으로서 품어야 할 가치와 윤리 의식을 정확히 알았을 때 실천할 수 있다. 직업에 따른 고유한 윤리 의식을 바탕으로 어떻게 일을 해야 하는지 명확하게 알고 있어야 신념을 지키며 일할 수 있다. 그런데 직업 교육을 하거나 진로를 디자인할 때를 보면 직업 윤리에 대해서는 소홀히 여기는 것 같다. 그저 직업을 돈벌이 수단으로 여기는 생각들이 많다. 얼마나 승진이 빠르고 높은 연봉을 받으며 안정적인 것인가를 따진다. 그런 직업을 가지는 것을 최고의 선택으로 생각한다. 그러다 보면 직업 윤리를 생각하기 힘들고 신념에 따라 일하기도 벅차다.

세월호 사건은 우리 사회가 얼마나 직업 윤리가 무너졌는지를 보여 주는 단면에 불과하다. 자신이 속한 직장이나 단체의 불법을 폭로하면 영웅이 되기는커녕 배신자로 낙인이 찍히는 것이 우리의 현실이다. 막대한 세금을 비리로 개인의 이익을 추구하는 모습을 본 군인이 용기를 가지고 군납 비리를 폭로했다. 관계자들은 국민의 혈세를 올바로 사용해야 하는 의무를 지키지 않았기 때문에 그에 걸맞는 처벌을 달게 받아야 했지만 어느 누구도 처벌을 받지 않았다. 오히려 비리를 폭로한 군인만 설 자리를 잃게 되었고 끝내 군을 나와야 했다. 이것은 군대만의 문제가 아니라 우리 사회에 만연한 직업 윤리 부재로 인한 씁쓸한 현실이다.

이런 현상은 분명 어른들의 잘못이다. 어른들의 바람직하지 못한 직업 윤리가 귀하고 아까운 생명을 앗아 갔고 국민의 혈세를 낭비했다. 얼마든지 비판할 만하다. 다만 더 이상 이런 일이 반복되지 않으려면 여러분이 가지고 싶은 직업에 맞는 직업 윤리를 철저히 알고 준비해야 한다. 얼마 후면 여러분이 사회인으로서 한 축을 감당해야 할 때가 온다. 그때 잘못된 윤리 의식을 가진 어른들처럼 되지 않으려면 자기 직업에 따라 무엇이 옳고 그른지, 어떻게 행동하며 나아가야 하는지 바른 가치를 정립해야 한다. 희생이 뒤따르고 불이익이 생기더라고 직업 윤리에 어긋나는 행동을 해서는 안 된다는 생각을 가져야 한다. 그런 가치로 무장해야 올바른 태도로 자신의 직업에 충실할 수 있다. 직업을 돈만 많이 벌면 된다는 수단으로 생각하지 말고 자신의 삶의 일부이자 자부심의 대상으로 생각하는 것도 필요하다. 직업은 행복을 추구하는 중요한 통로이기 때문이다. 그럴 때 모두가 안정감을 누리고 행복한 삶을 살 수 있을 것이다.

나만의 진로 디자인

직업에 따라 무엇이 옳고 그른지, 어떻게 행동할지
바른 가치를 정립하자!

성실한 모습으로 믿음과 의리 지키기

포레스트 검프 Forrest Gump

멜로, 드라마 | 1994년 | 12세 이상 관람가 | 142분 | 버트 저메키스 감독 | 톰 행크스, 로빈 라이트, 게리 시니즈 출연

지능이 떨어지고 다리가 불편한 포레스트 검프가 성실하게 믿음과 의리를 지키며 살아가는 모습을 그린 감동 이야기

아이큐는 75이지만 누구보다 행복한 포레스트 검프

어떤 일을 맡겼을 때 대충 해서 시간을 아끼는 사람이 있다. 반면에 어떤 사람은 다른 사람의 시선에 상관하지 않고 자신이 맡은 일을 성실하게 수행해 나간다. 이런 모습을 바라보는 시선은 두 가지로 나뉜다. 당연히 맡은 일을 성실히 해내야 한다는 사람이 있는 반면 눈치껏 적당히 일하며 자신의 이익을 취해야 한다는 쪽도 있다. 이들은 누가 보든 안 보든 상관없이 성실하게 살아가는 사람을 답답하게 여기기도 한다. 그렇게 융통성 없이 행동하다가는 손해를 본다고 여긴다. 그래서 많은 사람이 약삭빠르게 움직여 자신의 이익을 취하려고 힘쓴다. 그렇게 사는 것이 현명하다고 생각하는 것이다.

하지만 이런 삶은 단기간의 이익은 취할 수 있을지 모르나 장기적인 측면에서 보면 손해다. 인생의 비전이나 목표는 약삭빠르게 행동한다고 이루어지는 것이 아니다. 뒤돌아보지 않고 묵묵히 목표를 향해 성실하게 나아가는 사람이 끝내 꿈을 이룬다.

이 영화의 주인공 포레스트 검프는 아이큐가 75에 불과해 지능이 나쁘다고 어린 시절부터 놀림을 받았다. 하지만 그는 누구보다 행복한 삶을 살았다. 포레스트는 성실함이라는 무기를 가지고 있었다. 한 가지 일을 맡기면 요령을 피우지 않고 끝까지 해냈다. 그 모습을 본 사람들은 포레스트를 비웃었다. 하지만 포레스트의 인생 전체를 보면 누구도 부럽지 않을 만큼 돈도 벌고 사랑도 이루고 아들까지 얻으며 행복한 삶을 살았다. 그것은 성실함을 무기삼아 우직하게 살아간 덕분이었다.

성실한 모습으로 믿음과 의리를 지킨 포레스트

포레스트는 누군가 자신에게 한 말을 허투루 듣지 않았다. 특히 자신을 믿어 준 사람의 말은 꼭 가슴에 새기고 절대 잊지 않았다. 포레스트의 어머니는 주변에서 포레스트를 저능아라고 놀려도 아랑곳하지 않고 용기를 불어넣었다. 특수 학교가 아니라 일반 학교에서 여느 아이들과 똑같이 자라도록 힘썼다. 그런 어머니의 헌신적인 사랑에 힘입어 포레스트는 일반 학교에 진학했다. 어머니는 지능이 낮은 포레스트에게 어려운 말을 풀어 주면서 기억하기 쉽게 도와주었다. 아이큐가 낮았지만 오랜 세월이 흘러도 어머니 말은 기억했다.

"인생은 초콜릿 상자 같아 어떤 초콜릿을 먹게 될지 모른다."

어머니의 말은 포레스트가 다양한 삶을 선택하며 살도록 도왔다. 스스로 인생을 개척하며 살아간 것이다.

포레스트는 제니를 사랑하고 믿으면서 제니가 하는 말은 무조건 따랐다. 첫 등교 때 버스에 빈자리가 있어도 아이들은 앉지 못하게 했다. 그런데 제니가 오자 옆자리에 앉게 해 주었다. 아이들이 놀릴 때 제니가 '달려!'라는 말을 하자 포레스트는 달리기 시작했다. 그러자 포레스트 내면에 잠재되어 있는 달리기 실력이 발휘되어 다리에 달려 있던 보조 기구도 저절로 떨어져 나갈 만큼 빨리 달렸다. 그것은 이제 혼자 힘으로 인생을 살아갈 수 있다는 의미이기도 했다. 결국 포레스트는 미식축구 특기생이 되었고 고등학교와 대학까지 마쳤다. 하지만 자신을 믿어 준 사람에게 보답이라도 하듯 성실하게 임하는 그의 태도는 변하지 않았다.

탁구를 칠 때도 마찬가지였다. 누군가 탁구를 잘 칠 수 있도록 조언을 해 주자 거기에 따라 충실히 연습을 했다. 기본적인 능력을 갖추도록 성실하게 임하다 보니 저절로 실력이 길러졌다. 스스로 포기하지도 않았다. 하기 싫지만 그만하라고 할 때까지 자신에게 주어진 임무에 최선을 다했다. 베트남 전쟁에서도 동료를 그냥 두고 갈 수 없어 목숨의 위협에도 불구하고 포탄 속으로 달려갔다. 그로 인해 엉덩이에 총알이 박히는 부상을 당하지만 친구의 죽음에 더 가슴 아파했다. 그런 신의가 포레스트의 행동 근원이 되었다. 전쟁이 끝난 후 하나 밖에 없는 친구 버바와 한 약속도 굳게 지켰다. 그 때문에 처음으로 생긴 목돈을 날리고 말았다. 사람들은 포레스트를 바보라고 놀렸지만 포레스트는 그게 중요하지 않았다. 버바와 약속을 지키는 것이 더 중요했다.

포레스트는 누군가 무엇을 해야 한다고 말하거나 마음에 품은 목표가 있으면 끝까지 성실하게 해냈다. 성실의 밑바탕에는 신의가 굳건하게 뒷받침하고 있었다. 포레스트의 이런 모습은 많은 사람의 삶을 살리고 동기를 부여하는 데 도움을 주었다. 포레스트가 사회에 잘 적응할지 모두가 염려했다. 하지만 그것을 비웃기라도 하듯 포레스트는 성실하고 신의를 저버리지 않는 삶의 태도로 승승장구했다.

지금 우리가 살아가는 시대의 사람들을 살펴보면 포레스트와 같은 사람을 찾아보기 힘들다. 무한 경쟁 시대, 잠시라도 한눈팔면 뒤처진다고 생각해 눈치 빠르게 행동하며 살아간다. 그러다 보니 신의를 지키기보다

성실하게 공부한 끝에 학교를 졸업하는 포레스트
학교를 졸업한 뒤 베트남 전쟁에 참전한 포레스트는 위험에 처한 전우를 구해서 전쟁 영웅이 된다.

자신의 이익에 더 신경을 쓴다. 주어진 일에 성실하게 임하기보다 이해타산을 먼저 따지는 것이다. 믿음으로 끝까지 함께하는 것이 아니라 이익에 따라 너무 쉽게 배신한다. 이런 삶이 당장은 성공하고 슬기로운 선택 같지만 멀리 내다보면 결국 실패하는 선택이다. 포레스트 검프의 삶을 보면 그 말이 이해가 될 것이다. 그러니 반드시 성실한 마음을 바탕으로 믿음과 의리를 지키며 오늘의 삶을 살아가야 한다. 그것이 꿈의 길을 걸어가는 진실한 삶의 태도이다.

성실함의 대명사, 1만 시간의 법칙

한 분야에서 성공하려면 1만 시간이 필요하다는 자기계발 법칙이 있다. 1만 시간은 하루 3시간씩 10년을 투자해야 얻을 수 있는 시간이다. 한마디로 성실한 자세로 뭔가를 꾸준히 해 나가야 한다는 뜻이다. 그래야 성공도 눈에 보인다.

1만 시간의 법칙은 신경 과학자 다니엘 레빈틴의 연구로 시작되었다. 다니엘 레빈틴이 야구선수, 작곡가, 피아니스트 등 다양한 분야에서 최고라고 불리는 사람을 조사해 보니 어느 분야에서든 1만 시간의 노력을 기울였다는 결과를 얻었다. 두뇌가 어느 정도 숙련된 경지에 도달하려면 1만 시간 정도가 필요하다고 생각한 것이다. '1만 시간의 법칙'은 '10년의 법칙'과 같은 의미로 해석된다.

'10년의 법칙'이라는 이론을 발표한 스웨덴 스톡홀름 대학의 앤더슨 에릭슨 박사는 어떤 분야에서든 최소 10년 정도 집중해서 노력해야 된다고 말했다. 그래야 자기 몸에 익숙해지고 최고 수준에 도달할 수 있다고 했다. 두 학자가 모두 어느 한 분야에서 성공하려면 1만 시간, 즉 10년의 성실함을 요구한 것이다.

이 밖에도 프로이트, 아인슈타인, 피카소, 간디 등을 연구했더니 모두 10년 이상을 한 분야에서 성실한 자세로 열정을 쏟아부었다.

여러분이 꾸고 있는 꿈, 되고 싶은 직업에서 성공적인 모습을 기대하려면 최소 10년이라는 시간을 투자한다고 생각해야 한다. 한순간 벼락치기로 얻어지는 성공은 없다. 그런 실력이나 성과는 하루아침에 무너지고 만다. 튼튼한 기초가 없는 탑은 언젠가는 무너진다. 그러니 여러분의 삶에 성실함으로 무장하고 노력을 기울이도록 하자. 그것이 꿈을 이루는 최고의 방법이다.

하고 싶은 일을 성실하게 해 나가려면

뭔가에 몰입해 꾸준히 하려면 어떻게 해야 할까? 먼저 자신이 하고 싶은 일을 찾는 것이 중요하다. 하기 싫은 일에 어떻게 1만 시간의 노력을 기울일 수 있겠는가? 신의 경지에 도달하지 않고는 하기 싫은 일에 1만 시간, 10년 동안 성실한 자세로 임한다는 것은 어려운 일이다. 그러니 먼저 자신이 하고 싶은 것을 찾는 것이 중요하다.

하고 싶은 것을 찾았다면 하루 일과에서 우선순위를 정하는 것이 필요하다. 꼭 해야 할 일을 하지 않으면 하루 3시간씩 시간을 투자하기 어렵다. 먼저 해야 할 일을 할 수 있는 지혜가 있어야 오랫동안 하고 싶은 일에 노력을 기울일 수 있다. 삶의 우선순위를 정하려면 구체적인 계획을 짤 필요가 있다. 구체적으로 계획을 짠다는 것은 중요한 것을 먼저 할 수 있도록 시간을 안배하는 것이다. 그러면 불필요한 것에 시간을 허비하지 않게 된다.

삶을 지탱해 주는 좌우명을 만드는 것도 중요하다. 좌우명은 늘 마음에 새겨 두고 가르침을 삼는 말이나 문구를 말한다. 일종의 삶의 중심을 잡아 주는 글귀라고 할 수 있다. 좌우명이 있으면 성실한 자세로 자신이 꼭 해야 할 일에 집중할 수 있다. 김연아는 '고통 없이는 아무것도 얻지 못한다.'라는 좌우명으로 연습에 임했다. 차가운 얼음판에 넘어져도 다시 일어설 수 있었던 것도 좌우명의 힘이 컸다. 역도 선수로 세계 신기록은 물론 올림픽에서 금메달을 차지한 장미란은 '할 수 있는 상황에서 최선을 다하자.'였다. 그런 자세가 무거운 바벨을 번쩍 들어올리게 했다. 꿈과 함께 좌우명까지 적어 놓고 매일 마음에 새겨 보자. 그러면 일상생활에서 성실함이 저절로 묻어 나올 것이다. 꼭 해야 하는 일이 무엇인지 알고, 어렵고 힘든 일을 극복하게 해 주기 때문이다.

자신의 선명한 비전을 늘 마음에 떠올리는 것도 필요하다. 도달해야 할 최종 목적지를 모르고서는 10년이라는 세월을 투자하기는커녕 오늘의 삶 또한 최선을 다할 수 없다. 그러니 자신이 원하는 삶의 목적과 비전을 분명히 하고 나아가야 성실한 자세를 갖출 수 있다.

나만의 진로 디자인

1. 먼저 하고 싶은 일을 찾자!
2. 삶에서 우선 순위를 정하고 구체적인 계획을 짜자!
3. 좌우명을 만들어 보자!

원칙과 정의 바로 세우기

변호인 The Attorney

드라마 | 2013년 | 15세 이상 관람가 | 127분 | 양우석 감독 | 송강호, 김영애, 오달수, 곽도원 출연

부조리한 정권에 맞서 정의를 부르짖으며 맞서 싸우는 변호사 이야기

원칙과 정의를 바로 세운다는 것

법과 원칙을 지키며 살아가야 한다는 것에는 모두가 동의한다. 하지만 철저하게 그것을 지키며 살아가는 사람은 많지 않은 것 같다. 자신이 이익을 얻고자 하면 정당한 대가를 지불해야 하지만 눈 감고 법과 원칙을 어기면 많은 노력을 기울이지 않고도 이익을 취할 수 있다는 것을 안다. 때로는 스스로를 승리자로 생각하는 사람도 있다.

그런데 모든 사람이 이렇게 생각하고 행동하면 어떻게 될까? 모두가 승리자라고 생각하지만 실상은 모두가 패자가 되고 만다. 그런 사회는 기회와 평등, 희망이 존재하지 않기 때문이다. 특히 단체나 나라를 이끌어 가는 리더가 법과 원칙을 지키지 않으면 어떻게 될까? 그런 사회는 끔찍한 일들이 일어날 것이고 그 피해는 고스란히 국민들에게 돌아가게 된다.

영화는 80년대 초, 부산에서 일어난 '부림 사건'이 토대이다. 부림 사건은 군부가 정권을 잡으면서 자신들의 통치 기반을 다지기 위해 민주화 운동 세력을 대대적으로 탄압한 사건이다. 당시는 가까운 가족이나 이웃이 어느 날 갑자기 죄인이 되고 고문으로 죽는 일이 허다했다. 하지만 진실을 파헤치지 못했다. 권력을 가진 자들이 모두 한 패가 되어 진실을 덮어 버렸기 때문이다. 무고한 시민이 억압을 받고 죄인이 되어 버린 상황에 〈변호인〉의 주인공 송우석 변호사는 자신의 모든 것을 걸고 진실을 파헤치기 위해 뛰어들었다. 그리고 부당한 권력에 대항하며 정의로운 사회를 만들어 가려고 힘썼다.

부당한 권력에 끝까지 맞서는 힘

송우석 변호사는 고졸 출신으로 사법고시에 합격하면서 언론의 주목받는 판사가 되었다. 하지만 그는 얼마 못 가 판사를 그만두고 부동산 등기 업무를 보는 변호사로 전업했다. 명문대를 나온 사람들의 틈바구니에

힘든 상황 속에서도 꿋꿋하게 진우를 변호하는 송우석
정의를 밝히겠다는 그의 선택은 혹독한 대가를 지불하게 만들었다. 하지만 그는 아무 죄도 없는 국민을 범죄자로 몰아가는 정권과 타협하지 않았다.

서 고졸 출신이라는 학벌 차별을 견디지 못하고 판사직을 떠난 것이다. 변호사들은 사법서사(법무사)가 하는 일을 변호사가 한다고 놀려 댔지만 그는 이를 악물고 돈 버는 것에만 신경을 썼다. 돈이라도 벌어서 무시당하지 않고 살아가려고 말이다.

변호사 일이 안정되자 송우석은 고시생 시절, 돈이 없어서 밥값을 내지 못하고 도망친 국밥 집을 찾아가 사과했다. 그러다 국밥 집 텔레비전에서 군사 정권에 항의하는 데모 뉴스를 접했다. 송우석은 뉴스를 보고 데모로 바뀔 세상이 아니라고 쓴 소리를 날렸다. 자신이 고졸 출신으로 명문대생들이 판치는 법조계에서 살다 보니 세상은 쉽게 변하지 않는다는 사실을 몸소 체험했기 때문이다. 그래서 국밥 집 아들 진우에게도 데모를 하지 말라고 권했다. 달걀로 아무리 바위를 쳐 봐도 바위는 부서지지 않는다고 말이다. 하지만 진우는 "바위는 아무리 강해도 죽은 것이오, 달걀은 아무리 약해도 살아 있는 것이니 바위는 부서져 모래가 되지만 달걀은 깨어나서 바위를 넘는다."라고 받아쳤다. 이 말은 최명희 작가의 《혼불》에 나오는 유명한 구절로, 끝까지 부딪히면 언젠가는 바위가 부서지는 날이 올 것이라는 의미였다.

그러던 어느 날, 송우석은 진우가 국가보안법 위반으로 잡혀가 부당하게 고문당한 현장을 목격했다. 아무런 죄도 없는 학생을 모진 고문으로 탄압하는 현실을 보고 모두가 꺼리는 국가보안법에 맞서는 변호인이 되겠다고 자원했다. 부당한 사회에서는 자신의 아이들도 안전하고 행복하게 살아갈 수 없다고 여겼기 때문이다.

정의를 밝히겠다는 그의 선택은 혹독한 대가를 지불하게 만들었다. 변호사로 전국적인 인기를 끌었지만 결국 맡은 일을 모두 잃게 되고 가족까지 협박을 당했다. 내막을 모르는 사람들로부터 빨갱이를 변호한다고 온갖 욕설과 달걀까지 맞았다. 그래도 송우석은 꿋꿋하게 진우의 무죄를 밝히려 힘썼다. 진실이 밝혀지는 것을 꺼려한 재판부는 송우석에게 적당히 타협하자고 손을 내밀었다. 진우만 빼내 주면 되지 않겠느냐는 것이다. 하지만 송우석은 아무런 죄도 없는 국민을 범죄자로 몰아가는 정권에 맞서 타협하지 않았다.

정의가 실종된 사회에서는 언제든지 진우 같은 사람이 또 나올 수 있다. 부당한 공권력의 희생양이 되어 자신도 모르게 범죄자가 될 수도 있다. 억울한 일들이 일어나도 어디에 하소연할 곳도 도움을 청할 곳도 없게 된다. 그래서 우리 모두가 스스로 법과 원칙을 지키며 정의로운 사회를 만들어 가도록 힘써야 한다. 그래야 모두에게 기회도 소망도 희망도 생긴다.

작은 것도 무시하지 않겠다는 다짐이 필요하다

정의로운 사회는 각자 영역에서 법과 원칙을 지켜야 가능하다. '나만 아니면 돼.'라고 생각하는 것이 아니라 '나부터 시작하자.'라는 마음이 중요하다. 아주 작은 일도 무시하지 않도록 해야 한다. '작은 구멍 한 개가 거대한 댐을 무너뜨린다.'는 말을 잊지 말자.

'하인리히 법칙'이라는 것이 있다. 일명 '1:29:300'이라고도 불린다. 이것은 결정적인 실패가 있기 전에는 29개의 경미한 실패와 300개의 이상 징후가 있었다는 의미이다. 대형 사고는 어느 날 갑자기 터지는 것이 아니라서 그전에 수많은 사고와 징후들이 반드시 존재한다. 이 법칙을 삶에 적용시킨다면 아주 사소한 것이라도 무심코 지나쳐서는 안 된다는 것을 알 수 있다.

정조의 삶을 다룬 영화 〈역린〉을 보면 이런 대사가 있다.

"작은 일도 무시하지 않고 최선을 다해야 한다. 작은 일에도 최선을 다하면 정성스럽게 된다. 정성스럽게 되면 겉에 배어 나오고 겉에 배어 나오면 겉으로 드러나고, 겉으로 드러나면 이내 밝아지고 밝아지면 남을 감동시키고 남을 감동시키면 이내 변하게 되고 변하면 생육된다. 그러니 오직 세상에서 지극히 정성을 다하는 사람만이 나와 세상을 변하게 할 수 있는 것이다."

이 말은 아주 작은 것이라도 진심을 다하면 세상이 바뀐다는 이야기다. 사람은 아주 작은 일에 정성을 다하기란 어렵기 때문이다. 하지만 당장 손해 볼 것 같아도 정직하게 살아가려고 힘써야 한다. 그런 노력들이 모아질 때 우리 사회는 정의로운 사회가 될 수 있다.

내 삶의 정의를 바로 세우는 방법

마음속 양심의 소리에 반응해야 한다. 바르지 않는 행동을 하면 양심이 찔리게 되어 있다. 그때는 멈춰 서서 자신의 행동을 점검할 필요가 있다. 조금이라도 법과 원칙에 어긋나는 행동을 했다면 그때 바로잡아야 한다. 작은 행동을 바로 잡지 못하면 소 잃고 외양간 고치는 손해를 보게 된다.

결과도 중요하지만 그것을 이루어 나가는 과정도 중요하다. 우리는 보통 결과로 모든 것을 판단한다. 결과가 좋으면 과정은 따져 보지 않는 편이다. 하지만 이제부터는 결과도 과정도 중요하게 여길 필요가 있다. 과정을 중요하게 여기려면 정당한 방법으로 결과를 얻어 내려고 노력해야 한다. 한 번만 눈감으면 쉽고 빠르게 결과를 얻고 이익을 얻을 수 있어도 원칙대로 해야 한다. 또한 그에 따른 결과도 겸허히 받아들이도록 힘써야 한다.

옳은 것을 옳다고, 그른 것을 그르다고 말할 수 있는 용기도 필요하다. 불법을 보고 침묵하면 안 된다. 침묵하는 사회에서 정의는 바로 세울 수 없다. 광주 민주화 운동이나 4·19 혁명, 〈변호인〉의 소재가 된 부림 사건은 모두 부당한 사회를 바꾸려는 용기 있는 사람들이 있었기에 가능한 것이다. 그래야 땀 흘린 대가를 공정하게 거둘 수 있고 성공의 기회도 누구에게나 돌아가는 사회가 될 수 있다.

나만의 진로 디자인

내 마음속 양심에 따라 정의롭게 행동하자!

통합과 소통의 리더십 기르기

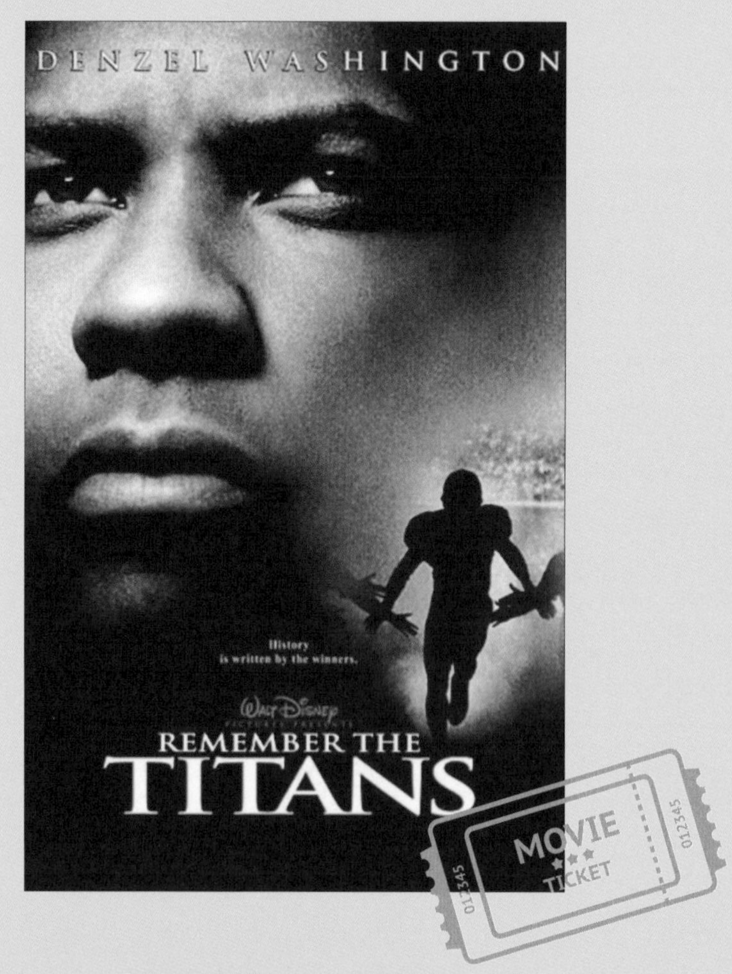

리멤버 타이탄 Remember The Titans

드라마 | 2001년 | 12세 이상 관람가 | 113분 | 보아즈 야킨 감독 | 덴젤 워싱턴, 킵 파듀, 케이트 보스워스 출연

인종차별이 극심하던 시절, 백인과 흑인 학생들이 풋볼을 통해 하나로 화합하며 사회까지 변화시킨 감동 실화

인종 차별을 해소시킨 리더십

우리는 매일 누군가를 '리드'하며 살아간다. 자신의 인생을 리드하며 나아가기도 하고 누군가의 리드를 받으며 살아간다. 스스로를 리드하는 능력이 탁월하면 성공적인 삶을 살아갈 수 있다. 성공적인 삶은 학력이나 배경, 두뇌적인 요소보다 자신을 이끌어 가는 능력에 따라 달라진다. 아무리 좋은 배경이나 재능이 있어도 그것을 효율적으로 사용할 수 있는 능력이 부족하면 무용지물이 된다. 이렇게 재능을 관리하고 잘 활용하는 능력을 '리더십'이라 한다. 리더십이 있어야 자신의 삶은 물론 주변의 삶까지 변화시킬 수 있다.

리더십이 탁월하면 덩달아 자신의 능력도 향상된다. 스스로 부족한 부분은 보완하고 장점을 극대화시킬 방향을 찾는다. 자연스레 속한 단체나 팀도 좋은 성적을 거둘 수 있다. 리더십은 자신의 변화는 물론 세상의 변화까지 이끌어 주는 원동력이 된다. 암울한 상황에 희망을 불어 넣기도 하고, 생사의 갈림길에서 운명을 바꾸는 것도 리더십에서 비롯된다.

〈리멤버 타이탄〉의 배경은 1970년대, 인종 차별이 가장 극심한 미국 버지니아 주이다. 그 당시만 해도 버지니아 주는 버스에 흑인과 백인이 함께 타지 못했다. 백인은 앞자리에 흑인은 뒷자리에 앉아야 했다. 그런 사회적 배경 속에서 교육청은 흑인 학교와 백인 학교를 통합하고 풋볼 팀에 흑인 코치를 임명했다. 백인은 흑인이 풋볼 팀의 리더가 되었다는 것을 인정하지 못했다. 풋볼은 백인들의 전유물이라고 생각했기 때문이다. 팀원들도 흑인과 백인으로 나뉘어 서로 화합하지 못했다. 팀뿐만 아니라 지역 전체에 흑백 간의 치열한 싸움이 계속되었다. 그런데 이들을 통합하고 소통케 하는 놀라운 리더십이 등장했다. 실화를 바탕으로 만들어진 이 영화는 각자의 영역에서 발휘되는 리더십의 중요성을 이야기하고 있다.

모래알 같은 팀을 리더십으로 바꾼 위대한 이야기

반장이 누가 되느냐에 따라 반 분위기가 달라진다. 동아리나 모임의 리더에 따라 팀원들의 역량이 달라지기도 한다. 같은 악보를 가지고도 누가 지휘하느냐에 따라 곡이 달라지듯 어떤 사람이 리더가 되느냐에 따라 조직의 성패가 좌우된다. 암울한 시대일수록 리더의 힘은 중요하다. 한 사람의 진정한 리더가 세상을 구하고 변화시킨다. 이 영화에서 타이탄 팀을 이끈 허만과 요스트 코치처럼 말이다.

흑인과 백인 학교가 통합되면서 흑인인 허만이 코치가 되자 학생들은 물론 지역 사회의 반발은 거셌다. 특히 백인은 흑인이 이끄는 팀에서는 풋볼을 하지 않겠다고 했다. 기존에 팀을 맡고 있던 요스트 코치도 교육청의 결정을 이해하기 힘들어 팀을 떠나려고 했지만 학생들을 위해 마지못해 남기로 결정했다.

우여곡절 끝에 구성된 팀의 첫 합숙 훈련부터 대립하기 시작했다. 백인과 흑인은 식사 자리도 구분해 앉고 연습 때면 서로를 무시하기 일쑤였다. 문제가 해결될 기미가 보이지 않자 허만은 선수단을 이끌고 게티즈버그 공동묘지로 간다. 게티즈버그는 노예 해방으로 발발된 남북 전쟁의 최대 전투지였다. 링컨이 '국민의, 국민에 의한, 국민을 위한 정치'라는 위대한 연설을 한 곳이기도 하다. 그곳에서 인종 갈등 해소를 위해 수많은 젊은이가 피를 흘리며 죽어갔다. 허만은 그들의 죽음을 헛되이 말라고 이야기하며, 당장 친해지는 것이 어려우면 서로를 인정하는 법을 배우도록 최소한의 노력을 할 것을 강조했다. 진심이 담긴 허만의 말에 학생들은 서서히 마음의 문을 열어갔다.

가장 많이 변한 것은 팀의 주장인 게리였다. 게리가 가장 먼저 열린 마음으로 주장답게 리더십을 발휘했다. 흑인을 끔찍이 싫어했던 어머니의 마음도 돌려놓았다. 하지만 게리는 교통사고를 당해 하반신이 마비되고 만다. 주장이 부상을 당하자 팀을 이끌어 갈 리더가 없어졌다. 그때 줄리어스가 게리를 대신해 리더십을 발휘했고 팀은 하나로 뭉쳤다. 마치 모래알 같던 팀원들이 게리와 줄리어스의 리더십 덕분에 바위처럼 단단한 팀으로 변화된 것이다.

요스트 코치의 리더십도 힘을 발휘했다. 백인 사회는 흑인 코치 허만을 무너뜨리려고 요스트에게 지역 결승 게임에서 지면 명예의 전당에 들어가게 해 주겠다고 제안했다. 허만에게 빼앗겼던 코치직도 다시 되찾게 해 주겠다고 했다. 백인 심판들마저 그들과 한편이 되어 편파 판정을 일삼았다. 그러자 결승전에서 타이탄 팀은 밀리기 시작했다. 백인이라는 자존심으로 버티던 요스트는 사람의 겉모습보단 내면이 중요함을 인정하며 허만에게 도움을 청했다. 자기 뜻을 좀처럼 굽히지 않았던 허만도 요스트의 조언을 받아들여 작전을 변경하고 팀을 승리로 이끌었다.

도저히 어울리지 않을 것 같던 팀이 단단하게 다시 뭉치게 될 수 있었던 요인은 서로를 인정하는 데 있었다. 게리가 줄리어스의 존재를 있는 그대로 인정하고 받아들이자 아이들이 변하기 시작했다. 요스트와 허만도 자신의 부족함을 인정하고 상대를 존중하자 팀을 승리로 이끌 수 있었다. 나아가 지역 사회까지 변화시켰다. 타이탄은 경기의 승리뿐만 아니라 인종 차별에서도 위대한 승리를 거둔 것이다. 그 이면에는 리더십이 자리하고 있었다.

우리는 세상을 리드할 리더를 기다린다

'난세에 영웅이 난다'라는 말이 있다. 힘든 시대일수록 그것을 극복해 나갈 리더가 필요함을 일컫는 말이다. 한 사람의 리더가 어려운 시대를 극복하고 영웅이 된다. 아니 시

흑백갈등을 완전히 해소하고 우승을 거머 쥔 타이탄 팀
요스트와 허만 코치가 나란히 공을 쥐고 기뻐하는 모습이 인상적이다.

대가 어려움을 극복해 나갈 리더를 간절히 원하는 것인지도 모른다. 이런 말을 안성맞춤으로 대변하는 영화가 있다. 바로 〈명량〉이다. 누적 관객 수가 1700만 명에 달해 유아와 노인층을 빼면 거의 모든 국민이 영화를 보았다고 해도 과언이 아니다. 그렇다면 〈명량〉은 무엇 때문에 이렇게 많은 관객을 동원할 수 있었을까? 그것은 우리가 처한 상황과 이순신 장군이 명량 앞바다에서 전투를 벌이던 시대 상황과 맞아 떨어졌기 때문이다. 혹은 이순신 장군 같은 리더십을 가진 사람이 나타나기를 원했을 수도 있다. '신에게는 아직 12척의 배가 남아 있습니다.'라는 이순신의 말은 어떤 상황에서도 포기하지 않는 그의 다짐을 엿볼 수 있었다. 자신의 한 몸이 죽더라도 나라와 백성을 지키려는 그의 숭고한 정신이 그 한마디에 녹아 있었다. "무릇 장수된 자의 의리는 충을 쫓아야 하고 충은 백성을 향해야 한다."라는 말도 마음에 와 닿는다. 모두 자기 살길을 찾아가야 한다고 아우성치는 순간에 이순신은 백성을 위해 자신이 존재한다는 것을 알았다. 그리고 그것을 행동으로 보여 주었다. 살신성인으로 임한 전투에서 배 12척에 탄 군사들의 사기를 올리는 데 충분했다. 그리고 그의 리더십이 12척으로 330척을 물리친 위대한 승리를 낳게 했다.

우리가 살고 있는 사회는 동서 간의 갈등, 세대 간의 갈등, 빈부의 갈등으로 골이 깊다. 사회의 리더는 물론 누구의 말도 쉽게 믿지 못한다. 그러다 보니 도덕적으로 올바르게 행동하는 사람이 점점 사라지고 있다. 모두 자기 살길 찾아가기에 바쁘다. 이런 사회에 희망이란 존재하지 않는다. 무엇을 믿고 의지하며 나아갈 수 있겠는가. 그래서 세상을 리드하고 극복할 진정한 리더가 필요하다. 그렇다고 언제까지나 리더의 부재를 한탄하고 있을 수 없다. 이제 이 글을 읽는 우리부터 리더가 되도록 배우고 노력해야 한다. 오늘의 삶에서 바람직한 리더십 모델을 찾고 그 사람을 닮아가겠다는 의지와 훈련이 필요하다. 내가 그 주인공이 되겠다는 결심도 필요하다.

통합과 소통의 리더로 성장하려면

상대를 인정하고 존중하는 태도가 필요하다. 겉모습이나 주어진 환경으로 상대를 차별하는 것이 아니라 상대의 내면을 보아야 한다. 내면을 본다는 것은 하나의 인격체로 상대를 존중한다는 것이다. 서로간의 관계에 신뢰가 쌓여야 리더십이 발현될 수 있다.

상대를 이해하려는 노력도 함께 되어야 한다. '이해Understand'라는 단어는 '아래under'와 '서다stand'의 뜻이 함께 포함되어 있다. 이것은 상대보다 낮은 위치에 서서 겸손하게 올려 본다는 의미이다. 리더는 상대 위에서 군림하는 것이 아니라 낮은 위치에서 상대를 겸손한 마음으로 올려다 보아야 하는 것이다. 상대를 올려다 보려면 그 대상이 무엇을 필요로 하고 힘들어 하는지 알아야 한다. 그런 마음에서 이해심이 생긴다.

리더에게 무엇보다 중요한 것은 인품이다. 인격이 있는 사람이 되어야 한다는 말이다. 인격이 있는 사람은 누가 보든 보지 않든지 바람직한 생각과 행동을 유지한다. 누가 봐도 정직하게 행동하는 사람, 믿음이 가는 사람이 리더의 자격이 있다. 그런 사람이 말할 때 권위가 서고 리더십이 나타난다.

나만의 진로 디자인

상대를 존중하는 마음과 인격이 있는 리더가 되자!

선한 영향력을 끼치며 살기

소울 서퍼 Soul Surfer

액션, 드라마 | 2011년 | 전체 관람가 | 106분 | 숀 맥나마라 감독 | 안나소피아 롭, 데니스 퀘이드 출연

상어에 물려 팔을 잃은 서퍼가 자신도 누군가에게 용기를 줄 수 있다는 사실을 깨닫고 다시 서퍼로서 재기하는 이야기

내 삶은 누군가에게 영향을 준다

내 삶이 누군가에게 영향을 준다고 생각해 본 적이 있는가? 그것을 의식하고 있는 사람은 아무렇게나 행동하지 않을 것이다. 반면 그것을 의식하지 않는다면 아무렇게나 행동하며 마음대로 살아갈 것이다. 해서는 안 될 일도 서슴없이 하게 된다. 절제되지 않은 행동은 다른 사람에게 엄청난 상처를 입힌다. 세계적인 작가 괴테도 "우리에게 일어나는 모든 일은 흔적을 남긴다. 모든 것은 알게 모르게 우리의 모습을 만든다."며 행동의 중요성을 강조했다. 우리의 삶이 흔적이 되어 누군가에게 반드시 영향을 끼친다는 의미다.

미국의 작가 플레트 미첼은 "세상 사람들에게 당신은 그저 한 사람일지 모르지만 어떤 한 사람에게는 당신이 세상 전부일 수도 있다."라고 했다. 내 삶이 누군가에게는 큰 영향력을 발휘할 수 있다는 말이다.

〈소울 서퍼〉의 주인공 베서니는 파도타기의 유망주에서 한 순간에 파도를 탈 수 없는 지경에 이른다. 파도타기 연습을 하다 상어에게 물려 한쪽 팔을 잃어버렸기 때문이다. 서핑 선수가 되겠다는 꿈은 물론 삶의 의욕조차 잃어버리고 모든 것을 내려놓아 버렸다. 하지만 자신이 누군가의 본보기가 된다는 사실을 깨닫고는 다시 꿈에 도전했다. 한쪽 팔로 중심을 잡고 서핑을 하기 힘들었지만 누군가에게 자신이 의미가 될 수 있겠다는 생각을 하자 놀라운 일이 벌어졌다.

실화를 바탕으로 만들어진 이 영화는 한 사람의 삶이 얼마나 많은 사람의 인생에 영향을 줄 수 있는지를 알게 한다.

인생은 서핑과도 같다

기대가 크면 실망도 큰 법이다. 영화 속 베서니의 삶이 그랬다. 서핑 유망주로 스폰서까지 있었기에 마음 놓고 서핑만 열심히 하면 되는 상황이었다. 그런데 상어에게 한쪽 팔을 잃는 사고를 당하고 말았다. 한껏 장밋빛으로 부풀어 있던 미래가 한순간에 물거품이 되고 말았다. 다행히 가족의 사랑과 격려 속에 힘을 내 서핑에 도전했지만 한쪽 팔로 파도를 젓고 중심을 잡기에는 역부족이었다. 실망한 베서니는 서핑을 포기하고 자신의 보드를 다른 사람에게 나누어 주었다. 자신에게 닥친 시련을 이겨내지 못한 것이다. 베서니는 자신이 왜 모든 것을 잃어야 하는지 이해할 수 없었다.

그러다가 태국 쓰나미 재해 현장에 봉사 활동을 가게 되었다. 누군가를 돕겠다는 생각이 아니라 현실을 피해 어딘가로 도망가고 싶어서 떠난 것이었다. 별 생각 없이 도착한 곳은 참혹했다. 거대한 파도에 가족을 모두 잃은 소녀는 물이 무서워 도망치기까지 했다. 그러자 베서니는 아이를 도와야겠다는 생각에 보드를 들고 바다로 들어갔다. 서핑을 가르쳐서 물

한 팔로도 즐겁게 서핑을 하는 베서니
두 팔로 서핑을 할 때보다 한 팔로 서핑을 할 때가 더 행복해 보인다. 그녀는 이제 믿음만 있다면 무엇이든 가능하다는 용기가 생겼다.

에 대한 두려움에서 벗어나도록 돕고 싶었다. 베서니는 아이가 즐거워하는 모습을 보며 누군가를 사랑하는 마음이 중요하다는 것을 깨달았다. 자신의 노력이 누군가의 삶에 희망을 줄 수 있다는 것을 알고 용기를 얻었다.

베서니는 이 일로 수많은 팬레터를 받았다. 팔을 잃고도 꿋꿋하게 대회에 참가한 것을 보고 사람들이 편지를 보내온 것이다. 어려운 상황에서도 포기하지 않는 모습을 보고 용기를 얻었다는 내용이었다. 자신처럼 가슴 아픈 사연이 있는 사람들을 좌절시킬 수 없어 베서니는 다시 용기를 냈다. 하지만 한쪽 팔로 중심을 잡고 보드를 타는 것이 쉽지 않았다. 걸핏하면 넘어져 바닷속으로 고꾸라지기 일쑤였다. 한 손으로 파도를 저어가는 것도 힘들었다. 그래도 베서니는 꿋꿋하게 파도를 갈랐고 좋은 성적을 거두며 사람들에게 희망을 선물했다.

한 팔로도 즐겁게 서핑을 하는 모습을 보고 기자가 "그날로 다시 돌아가 서핑을 안 할 수 있다면 어떻게 하겠나요?"라고 물었다. 한쪽 팔을 잃지 않을 수도 있는 상황에서 어떻게 하겠느냐는 것이었다. 그러자 베서니는 이렇게 대답했다.

"그래도 전 가겠어요. 여러분 앞에 설 이런 기회가 없을 테니까요. 두 팔이었을 때보다 더 많은 사람들을 끌어안을 수 있는 기회죠."

그러면서 그녀는 지금의 모습에 만족하고 있다고 말했다.

"인생도 서핑과 같다고 배웠어요. 파도 부서지는 곳에 빠지면 바로 다시 올라와야 해요. 파도 너머 무엇이 올지 절대 알 수 없기 때문이지요. 그리고 믿음만 있다면 무엇이든 가능해요. 무엇이든지."

베서니는 비록 한쪽 팔이 없지만 지금도 사람들에게 감동을 선물하고 있다. 앞으로의 삶이 더 기대가 된다. 얼마나 많은 사람에게 감동의 물결을 일으키고 용기를 불러일으켜 줄지 말이다.

내 삶으로 선한 영향력을 발하며 나아가라

우리의 삶은 반드시 누군가에게 영향을 끼치게 되어 있다. 그것이 선한 것일 수도 악한 것일 수도 있다. 자신이 어떻게 행동하느냐에 따라 결과는 달라진다. 이것은 물의 실험을 통해서도 알 수 있다. 똑같은 물을 떠놓고 한 쪽에는 사랑의 말과 칭찬을 하고, 다른 쪽에는 저주와 욕을 퍼부었다. 그리고 물의 결정체를 분석해 보았는데 놀라운 결과가 나왔다. 사랑의 말과 칭찬을 들었던 물은 가장 좋은 물의 결정체인 육각수가 되었고 나쁜 말을 들었던 물은 파괴된 결정을 보였다.

우리의 삶은 어떤 형태로든 흔적을 남긴다. 그 흔적은 쉽게 사라지지 않는다. 다른 사람에게 영향을 끼치고 고스란히 또 다른 흔적을 남긴다. 내가 한 선택이 나뿐만 아니라 주변을 행복하게 할 수도, 불행하게 만들 수도 있다는 말이다. 어떤 선택을 하든 자유다. 하지만 그 선택에 대한 결과는 스스로 책임져야 한다.

미국의 작가 플로랑스 스코벨 쉰은 이런 말을 했다.

"삶은 부메랑이다. 우리들의 생각, 말, 행동은 언제가 될지 모르나 틀림없이 되돌아온다. 그리고 정확하게 우리 자신을 그대로 명중시킨다."

내가 뿌린 대로 거둔다니 참 무서운 말이다.

이제 우리도 다른 누군가의 삶에 긍정적인 물결이 일어나도록 살아야 한다. 거창한 것이 아니라도 좋다. 도움이 필요한 친구에게 따뜻한 말 한 마디를 건네거나 손을 잡아 주는 그런 행동이 필요하다. 그럴 때 내 삶의 행복도 주변을 살리는 기쁨도 누릴 수 있다.

영향력 있는 삶을 살아가는 방법

영향력 있는 삶은 꼭 높은 자리에 오르거나 돈을 많이 번다고 이루어지는 것은 아니다. 소소한 일상에서도 얼마든지 영향력을 발하는 삶을 살 수 있다. 그러면 어떻게 해야 영향력을 발하며 살아갈 수 있을지 살펴보자.

먼저 열린 마음이 필요하다. 새로운 것과 나와 다른 것을 받아들이는 자세가 필요하다. 닫힌 마음으로는 자신이 가지고 있는 것을 다른 사람에게 전해 주지 못한다. 서로 소통하는 관계가 되어야 영향력을 발할 수 있다. 자신의 약함을 먼저 드러내고 세상 밖으로 나가 사람들과 어울리겠다는 마음도 중요하다. 베서니가 한쪽 팔을 잃고 좌절한 나머지 집 밖으로 나가지 않았다면 새로운 삶을 이어 가지 못했을 것이다. 자신이 누군가에게 의미와 용기를 줄 수 있는지도 몰랐을 것이다. 열린 마음으로 세상을 향해 나아가자 자신의 노력이 영향력을 발할 수 있다는 것을 알게 되었다.

스스로 한계를 짓지 않는 마음도 중요하다. '나는 이 정도밖에 안 돼!' 라고 여기면 자신이 정한 크기만큼의 힘밖에는 뿜어져 나오지 않는다. 한계를 지으면 성장할 수 없다. 조선 시대 최고의 시인으로 추앙받는 김득신은 어린 시절 둔재로 알려졌다. 한 권의 책을 만 번이 넘게 읽어도 그 내용을 기억하지 못할 정도였다. 《백이전》은 무려 11만 3000번을 읽었다고 한다. 그런데도 하인과 길을 갈 때 다른 집에서 들려오는 《백이전》 소리에 그 내용을 기억하지 못했다. 하인이 그 내용을 알아듣고 알려 주었다고 할 정도이니 기억력은 신통치 않았다. 그런데도 그는 스스로 한계를 짓지 않고 최선을 다해 살았다. 그 결과 59세에 비로소 과거에 급제할 수 있었다. 당시 선비들이 30세 전후로 과거 시험을 그만두었으니 얼마나 늦게 과거 시험에 합격했는지 알 수 있다. 김득신은 스스로 묘비에 '재주가 남만 못하다고 스스로 한계를 짓지 마라. 나보다 어리석고 둔한 사람도 없겠지만 결국에는 이룸이 있었다. 모든 것은 힘쓰는 데 달렸을 따름이다.'라는 말을 남겨 달라고 했다. 한계를 지으면 더 이상 전진할 수 없다는 것을 기억할 필요가 있다.

성공의 정의를 올바로 내리는 것도 매우 중요하다. 단순히 좋은 대학교를 나와 사회적으로 인정받는 직업을 갖고 돈을 많이 버는 것을 성공적인 삶으로 생각하면 안 된다. 그렇다면 과연 성공적인 삶이란 어떤 것일까? 랠프 월도 에머슨이 쓴 시가 그 답을 줄 수 있을 것 같다.

무엇이 성공인가?

자주 그리고 많이 웃는 것

현명한 이에게 존경받고, 아이들에게 사랑 받는 것

정직한 비평가의 찬사를 듣고, 친구의 배반을 참아 내는 것

아름다움을 식별할 줄 알고, 다른 사람에게서 최선의 것을 발견하는 것

건강한 아이를 낳든, 한 뙈기의 정원을 가꾸든, 사회 환경을 개선하든

자기가 태어나기 전보다 세상을 조금이라도 살기 좋은 곳으로
만들어 놓고 떠나는 것

자신이 한때 이곳에 살았음으로 해서, 단 한사람의 인생이라도
행복해 지는 것

이것이 진정한 성공이다. 그리고 이런 삶이 영향력을 발하는 삶이다. 이렇게 살겠다고 오늘의 삶에서 다짐하며 나아가길 소망한다.

영화로 진로를 디자인하라

1판 1쇄 발행 | 2016. 2. 19.
1판 4쇄 발행 | 2019. 11. 11.

임재성 글

발행처 김영사 | **발행인** 고세규
책임편집 김보민 | **책임디자인** 김순수
사진제공 씨네21
등록번호 제 406-2003-036호 | **등록일자** 1979. 5. 17.
주소 경기도 파주시 문발로 197 (우10881)
전화 마케팅부 031-955-3100 | **편집부** 031-955-3113~20 | **팩스** 031-955-3111

값은 표지에 있습니다.
ISBN 978-89-349-7350-8 43300

좋은 독자가 좋은 책을 만듭니다. 김영사는 독자 여러분의 의견에 항상 귀 기울이고 있습니다.
독자의견전화 031-955-3139 | 전자우편 book@gimmyoung.com | 홈페이지 www.gimmyoungjr.com
어린이들의 책놀이터 cafe.naver.com/gimmyoungjr | 드림365 cafe.naver.com/dreem365

이 도서의 국립중앙도서관 출판시도서목록(CIP)은 서지정보유통지원시스템
홈페이지(http://seoji.nl.go.kr)와 국가자료공동목록시스템(http://www.nl.go.kr/kolisnet)에서
이용하실 수 있습니다. (CIP제어번호 : CIP2016001234)

어린이제품 안전특별법에 의한 표시사항

제품명 도서 **제조년월일** 2019년 11월 11일 **제조사명** 김영사 **주소** 10881 경기도 파주시 문발로 197
전화번호 031-955-3100 **제조국명** 대한민국 ⚠**주의** 책 모서리에 찍히거나 책장에 베이지 않게 조심하세요.